Fly to 2025: Road to Transaction Finance with Butterfly Effect
——China-Banking's Strategic Choice to the Era of High Quality Development

飞向2025：交易金融蝶变之路

——中国银行业面向高质量发展的战略选择

宋光磊 著

经济日报出版社

图书在版编目（CIP）数据

飞向 2025：交易金融蝶变之路：中国银行业面向高质量发展的战略选择 / 宋光磊著. -- 北京：经济日报出版社，2018.5

ISBN 978-7-5196-0348-9

Ⅰ. ①飞… Ⅱ. ①宋… Ⅲ. ①银行业-银行发展-研究-中国 Ⅳ. ①F832

中国版本图书馆 CIP 数据核字（2018）第 080792 号

飞向 2025：交易金融蝶变之路——中国银行业面向高质量发展的战略选择

著　　者	宋光磊
责任编辑	范静泊
出版发行	经济日报出版社
社　　址	北京市西城区白纸坊东街 2 号 A 座综合楼 710
邮政编码	100054
电　　话	010-63567684（总编室）　63588446（发行部）
网　　址	www.edpbook.com.cn
E - mail	edpbook@sina.com
经　　销	全国新华书店
印　　刷	北京虎彩文化传播有限公司
开　　本	710×1000 mm　1/16
印　　张	9
字　　数	13.5 千字
版　　次	2018 年 5 月第一版
印　　次	2018 年 5 月第一次印刷
书　　号	ISBN 978-7-5196-0348-9
定　　价	42.00 元

目　录

CONTENTS

第一篇　缘起篇：追梦 2025 的那只翅膀

——银行将不再是一个地方，而是一种行为

互联网思维是一种商业民主化的思维。互联网思维指能充分利用互联网的精神、价值、技术、方法、规则、机会来指导、处理、创新生活和工作的思维方式。

互联网企业跨界竞争对银行的影响正如《bank 3.0》作者指出的那样：“未来的银行将不再是一个地方，而是一种行为。”

第一节　蓝图画卷：展望中国未来 20 年的金融蓝图

2017 年 10 月，习近平总书记在十九大报告中对未来中国金融和银行业的发展指明了方向，指出 2018–2025 年，是中国工业制造领先全球，全面建设小康社会，中国经济实现高质量发展的关键时期。围绕供给侧结构性改革，朝着防范化解重大风险、精准脱贫、污染防治的攻坚战胜利的目标，未来 20 年的金融蓝图画卷已全面勾勒。

金融业号称百业之首，金融活、经济活，金融工作是促进经济增长的重要内容；而在中国金融业版图中，银行业占比最大，是金融工作的重要方面。截至 2017 年 12 月末，我国银行业金融机构资产总额 233 万亿元，商业银行不良贷款率 1.86%，资产质量和流动性基本稳定，资本和拨备较为充足，盈利水平和风险抵御能力均处于国际同业较好水平；我国银行业的国际影响力也逐步提升，2017 年有 126 家中资银行进入按一级资本排名的全球银行 1000 强，工、农、中、建四家大型商业银行连续多年位居前十。

强大有效的银行体系，对于中国经济转型和深化改革意义重大。2017 年是中国改革开放 40 周年，如何进一步深化金融改革，推进银行业转向高质量发展，跟上工业制造 2025 的革新步伐，是横亘在中国银行业面前的一个未知的答案，为了寻找这个答案，我们需要先分析一下中国银行业的宏观政策和微观经济环境。

一、政策引导：红旗遥指高质量发展

“求木之长者，必固其根本；欲流之远者，必浚其泉源。”我国是靠实体经济发展起来的，也必将依靠实体经济走向未来，实体经济是我国保持经济平稳运行、不断提升国际竞争力的基石，实现实体经济高质量发展的前提，应当包括银行业的高质量发展。从政策层面看，中国银行业可从下面几个方面进行思考，实现由大到强、由高速增长向高质量发展的转变。

1. 回归本源，结合各自禀赋条件，更好地服务实体经济

金融和实体经济是共生共荣的关系，实体经济是金融的根基，金融是实体经济的血液，金融和实体经济相互推动，相互促进，共同壮大。金融服务实体经济的效率、质量和融资结构的不断优化，也是实体经济行稳致远的原动力，银行要关注实体部门的融资需求，充分发挥信贷服务经济发展的杠杆作用和资源配置功能。

同时，主动适应客户需求多元化、综合化的趋势，加快由传统融资中介向全功能银行转变，多渠道增强服务实体经济的能力，创新多元化的融资服务手段。在服务实体经济的同时，要把握商业银行规律，按照市场化、商业化原则，掌握好融资快与慢、进与退、客户与行业、区域与品种、集中与分散的关系，力求更好地发挥连接供需桥梁的作用，实现速度、规模、结构、风险之间的协调，资本、收益、风险之间的匹配。

实体经济囊括千行百业，金融服务也日新月异，银行在服务实体经济的过程中，应当坚持两点论和重点论相结合，围绕供给侧结构性改革主线，统筹好金融资源在各领域的协调配置，精准发力、综合施策，不断提升整体服务效能。

2. 防控风险攻坚战

十九大报告中指出：健全货币政策和宏观审慎政策双支柱调控框架，深化利率和汇率市场化改革，守住不发生系统性金融风险的底线，银行要加强合规管理，严格遵守信贷、同业、理财、票据、信托等业务监管规定，提高产品和服务透明度。在经济转型的大背景下，监管政策层面也在产生很多新变化，特别是针对银行资产迅速扩张带来的金融乱想，监管部门要求从自身发展决策和思路上严守底线开展跨业、跨市场金融业务，要按照减少嵌套、缩短链条的原则，穿透监测资金流向，全面掌握底层基础资产信息，真实投向符合国家政策的实体经济领域。

创新不忘风险实质，不能搞假创新，在金融领域，实质重于形式是永远不变的原则。银行要持续提升对实体经济客户需求的研判能力，有针对性地开展业务创新；要系统研究各类创新业务的法律特征和风险实质，按照内控优先、信息透明的原则，将各类创新业务纳入全面风险管理体系，及时健全相关制度和管理流程，并合理控制业务增速、集中度和复杂程度，确保业务发展状况与风险管理能力相匹配。

银行是社会的信用基石。从历史上的金融危机来看，每次银行危机最终都演化为整个社会经济的动荡和危机，因此，这方面的启示其实是反复重申银行立命之本——违规“红线”不能碰，例如：银行要进一步强化股权管理并提高透明度，杜绝违法违规代持银行股份、违规开展关联交易、利益输送等现象，抑制产融无序结合；要按照统筹考虑、审慎把握的原则开展综合化经营试点；要切实自查自纠参与方过多、结构复杂、链条过长、导致资金脱实向虚的交易业务，确保金融资源流向实体经济。

3. 要全面深化改革，不断提升公司治理水平和透明度，积极探索中国特色现代银行制度

要继续完善和加强公司治理，充分认识有效支持实体经济对银行业长期稳健发展的重要意义，自觉按照回归本源、专注主业、下沉重心的原则，确立科学的发展理念和战略方向，加强决策、执行、监督、评价等治理机制建设，加快完善全面风险管理体系，培育良好的风险文化。要围绕服务实体经济本源，切实改进激励约束机制，纠正过于追求短期股东回报和收益、忽视客户服务和长期稳健发展的绩效考评体系。

4. 扩大对外开放，以开放促改革，增强银行业国际化程度和核心竞争力

银行业开放是中国构建开放型经济体制的关键领域，也是适应新时代中国经济高质量发展要求的举措，一方面，外资拥有更大的持股比例，能够发挥专业优势促进竞争、激发市场活力，提升金融服务能力和银行业整体实力，更好地满足我国实体经济需要；另一方面，从客观来讲，可逐步形成更加开放、透明、多元化的市场环境，有利于中资银行业金融机构积极利用和有效吸收国外先进经验，实现专业化发展，进一步增强我国银行业国际化程度和核心竞争力，促进银行业机构稳健发展。可以预见，随着金融业改革开放的步伐不断加快，外资的日益进入，未来银行业对外开放的速度将逐渐加快。

5. 坚持科技引领战略，充分运用数字技术创新金融产品和服务，打造智能银行、普惠银行以及立体化的金融安全防护体系

要积极稳妥创新服务模式和技术流程，稳妥有序推进投贷联动试点，积极运用互联网、大数据、云计算等信息科技手段。例如：投贷联动试点，试点银行可以加快完善投贷联动业务内部管理制度和流程，积极支持科创企业发展。

在新技术运用方面，银行可积极运用互联网、大数据、云计算等信

息科技手段，缓解银企信息不对称，提高风险识别和定价能力，加强线上线下联动，丰富产品和服务渠道，优化内部流程，提高管理效率。还有一点，在业务和产品创新方面，要认识到业务创新绝不等于“规避监管”“忽视风险实质”，而是要牢牢把握风险底线，依法合规开展理财、信托等多元化业务，应引导资金直接投向基础设施、农业、制造业和服务业等实体经济领域。

截至 2017 年底，中国工商银行、中国农业银行、中国银行、中国建设银行、交通银行均成立了普惠金融事业部，部分股份制银行也纷纷开始行动，推动普惠金融部门的建设。与传统金融相比，普惠金融的区别主要是服务对象不同，比如农民、城镇低收入、贫困人群等弱势群体，以及其他小微、科创企业等新兴群体，让银行将重心放到这些客户身上，成立专门的机构或者说设立业务条线与之相对应，能够更好地服务这部分群体。

二、微观激活：唤醒体验经济的新“蓝海”

1. 中产崛起：客户要得更多

根据经济学家罗思义（2017）的估计，如果 2020 年中国实现全面建成小康社会，那么按照当前汇率计算：仅有 19% 的世界人口生活在人均 GDP 比中国高的国家；62% 的世界人口生活在人均 GDP 比中国低的国家，中国将超过几乎所有发展中国家，其经济发展水平也将高于东欧多个国家。（见下图）

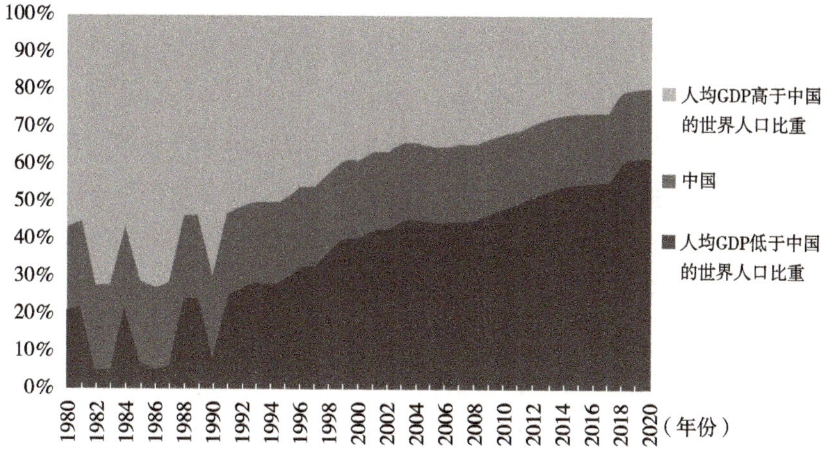

图 1–1　2020 年中国进入全面小康社会中国人均 GDP 与世界人均 GDP 水平比较示意图

资料来源：新浪财经专栏，罗思义，2017 年 3 月，www.sina.com.cn

美国学者布雷特·金（2012）提出：银行不是你要去的场所，而是你要做的一些想法[①]。银行3.0时代，将转型为大众金融服务的一些方案，而不再是那些空洞的挂在展示台上的标语和想法。而中国全面进入小康社会将带来中国中产阶级阶层的迅速扩大崛起，随着财富和可支配收入的增加，将会在其支出模式上有显著的改变，对金融服务的需求将随之增加。金融服务将发挥更大的作用和影响力。

据《法制晚报》报道，全球领先的市场信息公司欧睿信息咨询公司研究显示，到2020年，中国的中产阶层将达到7亿人[②]。而根据国家人口发展战略研究称，2020年中国人口将达到14.5亿。那么，再过十年我国的中产阶层人数将占到总人口的48%以上，到时候中国人近半成为中产阶层。繁荣富裕的中国中产阶级的快速崛起，随着财富和可支配收入的增加，将会在其支出模式上有显著的改变，对金融服务的需求将随之增加。

随着收入水平的提高，金融服务的需求自然会增加，工薪阶层开始寻找更多样的产品，对银行金融服务的兴趣更大，但需求也会更加苛刻。大众需求开始对银行服务转型发挥深刻的影响，与传统的银行服务相比，这种影响力更具深度渗透、全面覆盖的特征。银行服务场景将日益创新，越来越多的花样频出的场景将呈现在我们的面前，这些新的尝试和探索标志着2025银行新时代的到来。从12世纪意大利威尼斯第一家现代银行诞生至今，中国银行有望凭借服务转型而“弯道超车”跨越数百年的发展差距，引领全球银行的发展。

以客户为中心，将转变为“以客户为轴心”，甚至“以客户族群为区块”，由银行来提供区块化、去中心的链条式体验，满足客户需求日益个性化，而且实时化的需求。大众客户希望获得更快的银行业务办理速度和更灵活的互动方式，对银行个性化定制服务和透明度的期望值不断提高。相应地，由这些中产阶级为主体的公司和机构客户的需求，也将发生变化，希望在其所在区域乃至全球价值链的经营活动上获得动态嵌入式金融服务，同时希望银行提供有附加价值的商机预测和风险预警信息服务。事实上，无论个人、公司客户都希望在现代技术支持下获得实时感知响应的

① 布雷特·金（Brett King），Bank 3.0：Why Banking Is No Longer Somewhere You Go But Something You Do，Marshall Cavendish International Asia Pte Ltd，2012年11月1日。

② 资料来源：欧睿信息咨询公司，www.euromonitor.com。

管家式服务，银行管家化、贴身化、保姆化的极致体验，将成为各家银行服务转型的重要方向和目标。

2. 科技创新：银行或许是一个智能机器人

科技是第一生产力，今后，科技对于银行的助推和重塑作用也将深刻地发挥影响，在基于“端”“网”“云”的智能商业生态中，数字化运营平台使用面将不断扩展。波士顿咨询公司研究显示，未来全球零售银行业中通过互联网和移动渠道完成的销售与咨询所占份额将从 2012 年的 15% 增至 2020 年的 40% 以上，银行的客户关系管理从“面对面”转变为“屏幕到屏幕”（Screen to Screen）的情境关系（Contextual Relationship）。

从目前的银行模式看，还深度依赖“网点 – 柜面 – 客户经理”的中介化链条，欠缺足够专业的数据管理团队和高效运作流程，流程自动化程度难以适应市场环境需求，仍有大量客户数据未得到有效利用或真正创造价值，不过一些银行已经开始了金融智能领域的探索。例如：摩根大通开发的金融合同解析软件 COIN，只需几秒钟就代替原先律师和贷款人员 360000 小时的工作。2017 年底，中国农业银行、招商银行等银行已实现部分 ATM 机“刷脸取款”的“黑科技”，客户只需要在 ATM 机面前，给摄像头一个微笑，按照规定程序操作，就可以完成取款或转账操作。

同时，来自银行业以外行业的创新模式正开始加快对银行核心业务发起挑战，对银行价值链的客户界面、应用服务、基础设施所有层面发出挑战，例如：支付宝、财付通等新支付手段层出不穷的创新，让银行按照传统的“媒婆式”服务的收费体系快速走向没落；再比如：网络银行、网络借贷、网络理财等新兴业态呈现出蓬勃增长态势。银行需谨慎评估究竟哪些潜在挑战会带来长远市场危机，哪些新进入者可能成为合作搭建产业生态服务平台的伙伴，并做出预先调整。

基于上述分析，这些“黑科技”或创新将使得银行的智能化水平快速提升。与制造、零售等传统的其他行业相比，由于银行经营的商品（即货币）存在虚拟化、非实体化的特征，科技带来的改变将更加迅速，全球银行业将成为一个新兴的智能化行业代表。

通过与客户、科技的结合，银行将在很多领域有新作为、新突破、新定位，例如：借助金融科技、数字普惠的力量，研发推出依托核心企业数据资源来服务上下游小微企业的“数据网贷”业务；推进服务模式创新，通过批量化、标准化、模板化业务模式，通过规模经济效应，降低金融业务边际成本，并实现更合理的风险管控；运用生态化、平台化思维，联动整合政府增信、行业协会商会、第三方主体等金融资源，实现金融风险分担、价值共赢等等。

第二节　迸发火花：“互联网 @ 银行”的“化学反应”

在“互联网 @”的时代背景下，传统的产业基于互联网的平台、技术和思维跨界融合，不断推出新的商业模式，这对商业银行传统的经营模式提出挑战，其中，最核心的冲击是思维方式的改变。

一、永恒思变：谁去改变，谁被改变

首先我们探讨互联网科技浪潮下到底什么是冲击和改变银行的思维内核。互联网思维，是一种利用互联网的价值、技术、方法、规则、机会来指导、处理、创新生活和工作的思维方式，其内涵包括：

1. 传统企业转型“陷阱”

根据西方技术革命理论，一种技术从工具属性、应用层面到普及到社会生活，往往需要经历很长的过程，例如，英国工业革命时期的珍妮纺纱机从一项新技术到改变纺织行业，再到后来被定义为工业革命的肇始，影响东、西方经济格局，其跨度至少经历了几十年。互联网也同样，但因为这种影响是滞后的，所以，就难免会形成旧制度与新时代观念的错位；越是目前有优势的企业转型越是艰难，这就是“创新者的天花板”，而技术领先的企业在面临突破性技术时会因为对原有生态系统的过度适应而面临失败。

2. 商业民主和消费者主权

根据美国泰罗所著的《科学管理》称，工业化时代的标准思维模式是“生产 – 销售 – 传播”的组合链条；但是互联网时代，这三个基础被解构了。工业化时代稀缺的是资源和产品，资源和生产能力被当作企业的竞争力，但在互联网社会，工作产品更多地是以信息的方式呈现的，很难有

一家企业保持绝对垄断，同时，随着微博、微信、Facebook 等新媒体的繁荣，再没有人能垄断信息传播渠道，消费者也是信息的生产者和传播者，传统的传播推广效果越来越有限。如央视广告标王热度不再；买通媒体单向度、广播式制造热门商品诱导消费行为的模式也不成立，但是各种“网红”产品潮流日盛。这三个基础被解构以后，生产者和消费者的权力发生了转变，消费者主权逐步形成。

3.“客户 – 用户 – 粉丝”的营销逻辑

传统银行虽然也会讲客户至上、产品为王，但这种理念是基于生产、销售、传播的传统经营逻辑。在数字时代，对消费者的“用户至上”更多地体现为增加客户黏性、分享体验、打造交流圈子，形成客户的心理共鸣，将“客户”变为“用户”，如小米公司的“米粉”文化；淘宝卖家“见面就是亲，有心就有爱”是真实的情绪，因为好评变成了有价值的资产。

4. 快速迭代创新机制

在功能都能被满足的情况下，消费者的需求是分散的、个性化，购买行为的背后除了对功能的追求之外，产品变成了他们展示品味的方式。这样，消费者的需求就不像单纯的功能需求那样简单和直接，所以，对消费者需求的把握就是一个测试的过程，要求产品是一个精益和迭代的过程，要根据需求反馈成长——小米手机每周迭代一次，微信第一年就迭代开发了 44 次就是这个道理。

5. 互联网人格和情绪共鸣

得益于互联网科技创新能力，是的让需求和品味相关联，也就是和人性相关联，所以，互联网思维下的产品就是“极致性能 + 强大情感诉求”，并且这两类内容具有自我传播的属性。相反地，新闻发布会、市场推广、发传单和广告等传统银行习惯的方式，效果愈发不明显，这些都是互联网思维不充分的体现。

6. 适应二次元的扁平化组织

互联网思维强调开放、协作、分享，也影响到了其组织架构的搭建，特别是“90 后”“00 后”成长于互联网时代的年轻员工，对工作乐趣和体验的感官反馈更明显，如果企业管理风格难以与之有效磨合，就会形成人员队伍不稳定的风险，这点在传统银行业体现得更为明显。互联网时代的企业组织讲究小而美，大而全、等级分明的银行很难适应互联网思维，不管是对用户还是对员工有没有爱也是一个重要的评判标准。

二、寻找方程：银行“思”变的心路历程

面对互联网时代的冲击和洗礼，传统银行何去何从？引用美国畅销书《Bank 3.0》作者的名言：“未来的银行将不再是一个地方，而是一种行为。”借助互联网应用的快速普及，互联网企业在金融领域攻城略地，跨界提供服务已成为互联网时代的常态。随着互联网的发展，行业巨头以流量或者用户资源的优势为支撑，借助互联网新概念、新技术、新产品和新模式跨界开展服务成为普遍现实。

基于互联网时代的变革实践，或许下面几种方式有望成为激活传统银行的“化学方程”，包括；

模式 1 垂直整合

银行可以考虑通过与互联网巨头的垂直导流，获取客户流量冲刷，形成跨界合作的边际收益，例如，阿里由于掌控电商场景及流量（海量用户及信息流），自然而然将其业务跨界至电商垂直链条后端的支付（支付宝）以及物流（菜鸟），形成了客户流程闭环，银行要想获客、活客、黏客，就必须主动接入互联网用户群，因此，2017 年，中国四大国有商业银行纷纷与 BATJ（中国四大互联网公司的缩写，即百度、阿里巴巴、腾讯、京东）合作。

模式 2 横向扩张

除了直接从互联网公司导流以外，还可以通过“嫁接产品”的模式形成横向的拓展，因为社交工具等互联网新生事物让传统金融服务失去了赖以生存的客户土壤，即便是银行自身的存量客户，如果不通过这些互联网渠道的维护和分销也会很快流失，例如，腾讯通过 QQ、微信奠定其社交霸主地位后，凭借其海量活跃用户，横向切入支付、转账、理财等业务等。

模式 3 资本整合

互联网已经在着手改变银行，通过资本的纽带，进入金融领域，通过

对各个细分行业的领先企业进行收购或者参股，实现其业务场景的布局，并有效防范由于技术突变式发展造成的颠覆性影响。如 2017 年末，腾讯入股微众银行、阿里巴巴入股网商银行、百度入股百信银行，BAT（百度、阿里巴巴、腾讯）完成了银行业的初步资本布局。

专题与讨论 1　互联网思维新势力对传统银行业务的冲击和挑战

目前，以阿里、腾讯、百度、京东等为代表的互联网思维势力已对银行存、贷、汇、代理销售等多个方面造成冲击。

在支付结算领域，互联网巨头凭借其前端场景掌控以及海量的用户资源，利用其“线上银联”的身份，基本已占据个人线上支付的主导地位，银行越来越退居为支付公司的资金后台。同时，利用线上线下的监管套利，互联网巨头通过二维码支付等形式对银行 POS 机收单等业务也造成了明显的冲击。当然，由于客户资金仍然以银行卡支付为主，互联网巨头也离不开银行的客户账户以及交易通道。

在存贷业务方面，互联网巨头通过“宝”类产品分流了大量银行低成本资金，以建行为例，2016 年 1 月至 11 月，建行客户通过支付宝支付金额超过 4 万亿元（包括网购消费、缴费、转账、投资理财等，沉淀于支付宝的备付金在银行体现为支付宝对公存款），其中购买投资理财产品金额超过 8000 亿元；同时，互联网巨头还通过借呗、花呗、白条等业务不断侵蚀银行存量信用卡消费、分期以及消费信贷市场。

在投资理财产品的销售方面，互联网巨头也正凭借其领先的流量优势与市场口碑，对传统金融企业的代理销售优势展开冲击，如蚂蚁聚宝，仅用了 14 个月即达到 1 亿活跃用户的积累；据统计，建行客户在成为银行与支付机构的共同客户后，在银行购买基金、保险等产品的人均金额及总量增长均落后于非共同客户。

资料来源：刘建忠，中国电子银行网，2017-01-13

三、网点化的服务模式：传统银行的迷失

传统银行的业务模式，属于典型的网点驱动规模的发展逻辑，除了一些标准化的简单产品外，主流的银行产品都需要进行面签，需要借助线下的力量，使得物理网点成为业务拓展的第一线。而再强大的网点其辐射范围也有限，个人客户范围一般不超过 1 公里，企业用户则通常不会跨越一个市区，这就决定了银行要做大业务规模、提升单个网点的规模总是有限的，还是要依靠增加网点的数量吸引客户。

中国银行业内部的排位基本上是和网点数量成正比的，工、农、中、建四大行和邮储的网点数量都是万级的，其中邮储拥有营业网点近 4 万个，工行有 16000 多个；几家规模比较大的股份制银行网点数量基本都在 1000 以上，兴业、招行、浦发银行的网点数量都在 2000 左右。若银行的核心业务主要围绕网点展开，必然进一步衍生出网点管理和考核的需求，这便有了市分行，市分行之上又有省分行，之后才是总行，金字塔式的管理架构便产生了。在金字塔架构下，总行作为全行的大脑，负责产品设计、指标考核和进度督导；分行则主要承担起上传下达的角色，负责指标分解甚至加码以及日常督导考核；支行网点作为战斗的一线则要背任务；背指标。在这种组织架构下，总行距离用户通常比较远（主要指 C 端，很多总行对公部门依旧保留总行级重点客户的营销管理工作），产品设计往往难以触碰到用户痛点，反而因为距离监管比较近，有时候会基于合规的要求把体验搞得很复杂。

互联网思维对传统银行思维的挑战在哪里？实际上，传统银行最早布局互联网业务由来已久，一度电子银行、电话银行等带有时代科技特征的服务模式都风风火火，时至今日仍然是重要的银行服务工具和渠道。然而，由于思维的差距，传统银行的服务模式本质上是以网点驱动模式为主，通过互联网布局的努力和优化整体结构来扭转全局的效果有限。举个例子，从新媒体营销的角度看，银行网点是银行业务营销的前线，是通过网点客户经理进行营销的，因此，新媒体营销需与客户经理的工作保持协调，这就让营销效果打了折扣。

四、蝶变创意：发明一种新的银行模式

1. 共享信息的广泛运用

金融信息技术对银行业的最大改变，是对数据的积累和应用。随着新技术、新商业模式的兴起迭代，银行将变身厂商，成为重要的数据服务商。银行多年沉淀的丰富客户数据信息资源将成为银行重要的战略资产，并可以通过市场化的方式逐步取得巨大回报。银行数据背后，隐藏着是数据开发的“金矿”——厂商化思维的转变，从仅提供服务到可以自行生产，数据就是银行运转的“血液”——源于业务运营、用于经营决策、基于有效治理。数据治理体系（也可称为数据体系）需要结合企业自身业务架构、IT 架构和数据架构特点和要求，应用成熟的数据治理方法论，以数据治理为核心，围绕数据定义、产生、存储、使用、清除等的全生命周期展开，涵盖数据质量、数据架构、主数据、元数据、数据安全、数据开发等多个管理领域。

目前，中国大型银行几乎都建立了总行级的数据中心，对各支行、营业部的各类营业信息，通过点对点的联网系统即时获取数据，使得风险监控建立在信息高度透明的基础之上，同时围绕业务计划和业绩监控、信贷评估与监控、客户关系与服务、全行人员管理和开发等对影响银行专业化管理和发展战略实施的重要因素，构建客户服务中心系统、授信风险管理系统、客户关系管理系统、人力资源管理系统和员工培训系统等，对业务发展和流程银行建设提供科技支持。例如：招商银行加快推进金融科技（Fintech）战略，充分利用移动互联、云计算、大数据、人工智能、生物识别等技术提高服务能力，推动招行向网络化、数据化、智能化的未来银行转变，其手机银行、掌上生活等手机程序已成为行业翘楚。民生银行大力推进信贷产品创新，积极利用互联网和大数据技术，推出“薪喜贷”等系列消费微贷创新产品以及“云快贷”“网乐贷 2.0”等小微信贷产品。中国工商银行也已先行一步，成为业界第一个“卖货的商家”。

专题与讨论 2　工银亚洲化身“数据卖家”的“融安 e 信”专题案例

据 2017 年 8 月份的《金融时报》报道：中国工商银行在港子公司工银亚洲成功签约香港当地两家企业客户，将通过由工商银行自主研发的“融安 e 信”智能服务平台，为企业提供风险核查预警服务及风险控制解决方案支持。这是工商银行“融安 e 信”的首单境外业务签约，也标志着中国银行业大数据服务的国际竞争力的增强。

“融安 e 信”是国内首个全领域大数据风险信息智能服务平台，集风险目标识别、风险交易预警、风险管控方案、风险分析评估等多项功能于一体，可以提供全渠道、全链条的智能风险防控服务。

该产品自 2015 年上市以来，在工商银行系统内已累计拦截风险交易 107 万笔，涉及风险资金 470 多亿元。目前，国内已有 6000 余家银行同业及各类企业客户使用“融安 e 信”智能服务平台，提升了银行业总体的风险防控水平。

资料来源：《金融时报》，中国金融新闻网（www.financialnews.com.cn）

2. 共享资源分配的模式

在过去很长一段时间内，中国金融体系发展和改革的出发点是适应劳动力、土地等总体较为充裕的资源禀赋，重点强调金融体系动员资金的功能，忽视了金融内在的提升资源配置效率和降低系统性风险的功能，存在大量得不到金融服务的薄弱环节，不足以支持中国经济的转型和产业的升级，不仅造成金融体系功能的紊乱和潜在风险的积累，更无法满足“双创、四众、四新”等新兴经济模式的发展需要。

互联网思维下，传统金融机构与互联网企业等利用互联网技术和信息通信技术，实现资金融通、支付、投资和信息中介服务的新型金融业务模式，主要包括互联网支付、互联网借贷、股权众筹融资、互联网基金销售、互联网保险、互联网信托和互联网消费金融等业态。银行资源分配和组合方案将突破传统银行网点决策、层级决策的限制，在共享体制下发挥最大红利，例如，在监管合规、风险可控的情况下，今后资金供求双方或许可以通过网络平台自行完成信息甄别、匹配、定价和交易，削弱了资金供需双方间的信息不对称程度，实现了无传统中介、无交易成本、无垄断利润的真正的直接融资。

第三节　化茧成蝶：交易金融破茧成蝶之路

2008 年末，时任阿里巴巴集团主席兼首席执行官马云先生，在“2008 第七届中国企业领袖年会”上，曾经针对给中小型企业贷款难等当时的金融难题，提出“如果银行不改变，我们改变银行”的思路，这在当时可以看作是互联网金融 1.0 时代的兴起。随后的几年内，网贷、P2P 等新兴的依托互联网的金融模式快速崛起，一方面满足了互联网时代部分客户的金融需求；另一方面，也开拓了银行在互联网时代的业务视野和服务范畴。

随着互联网技术对客户需求、服务模式、产品属性的极大冲击和改变，银行纷纷开始了应对互联网的自我转型和革新，交易金融的概念开始走进人们的视野，被普遍视为互联网金融 2.0 时代的重要标签。2015 年以来，中信银行、招商银行、民生银行、浦发银行等，纷纷兴起向交易金融转型之风，其中，招商银行 2015 年正式组建交易金融部。交易金融预示互联网金融 2.0 时代的到来。过往的互联网金融创新都是由互联网领潮，交易金融却由银行业自身领潮，这体现了“互联网 +”的内涵，传统银行互联网时代的“蝶变”之路由此开启。

一、确定 DNA：找到交易金融的“蚕茧”

交易金融（Transaction Banking）是银行以客户的财资管理愿景为服务目标，服务于客户交易，协助客户整合其上下游资源，最终实现资金运作效益和实体资源配置效率提升的综合化金融信息服务的统称。这一思路曾经是互联网业包抄银行后路的思路。当时，在“互联网 +”大潮下，从零售百货、到餐饮、再到制造业，都一度面临着被互联网血洗的境地。

例如：2015 年 5 月 10 日晚，一直主营房地产业务的多伦股份发布更名公告：要做中国首家互联网金融上市公司，为此拟将名称变更为“匹凸匹金融信息服务股份有限公司”。此外，该公司还同时更改了章程，拟变更业务经营范围，将从旧有的主业转向从事互联网金融信息服务、金融软件研发和维护、金融中介等业务。匹凸匹是“P2P”的谐音，该公告发布后，5 月 11 日和 12 日，连续两个交易日，多伦股份均开盘一字涨停（下图）。

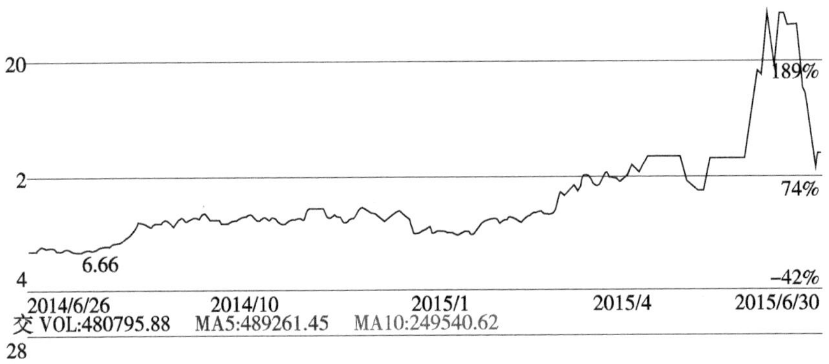

图 1-2　2015 年多伦股份更名“匹凸匹”后股价暴涨示意图

资料来源：新浪财经（finance.sina.com.cn）

这反映了当时互联网金融 1.0 时代社会大众对于银行和金融前景的判断——即银行的钱很好赚，只要能通过任何形式切入，大家都能在传统金融领域切分一块蛋糕。但传统银行到了互联网时代，依靠存款、贷款业务，发挥资金媒介作用的优势已不复存在，不少投资者纷纷借助互联网在各种互联网金融机构平台上投资、贷款等。

然而，这种情况持续不久就随着大量的网贷平台坏账、跑路危机而逐渐偃旗息鼓。据东方财经报道，2016 年底的网贷之家数据显示：2011-2015 年，累计停业及问题的互联网金融公司达到 1896 家，其中 2011 年 3 家、2012 年 2 家、2013 年 61 家、2014 年 234 家、2015 年 803 家；2016 年前 11 个月已出现 793 家问题公司，其中 11 月份新增 42 家，是 2012 年全年停业金融平台的 21 倍。可以说，进入 2015 年，互联网金融平台进入了“倒塌”元年，而 P2P 网贷平台则成为问题“重灾区”。

银行 VS 互联网思维的初次结合，结局显然不是完美的，但重要的是，双方都看到了彼此互补共赢的空间，从这个层面来看，交易金融的“蚕茧”似乎体现在这里。后面，我们还会介绍到国际主流大银行交易金融的架构和模式，其与中国交易金融的发展路径和历史有所不同，双方差异背后的原因是中国交易金融与西方历史上的所谓的“交易金融”是既有传承也有创新的，其中创新的差异部分主要体现在中国交易金融的发展从一起步就具有了鲜明的“互联网蚕茧”。

二、孕育希望：透析“互联网 @”之光

早在 2011 年德勤发布的《业务发展新思维》中，首次在中国银行业提出了交易金融的概念，当时，德勤对于交易金融的界定是“商务服务 + 支付服务”这套模式实际上是与后文介绍的国际银行多年在交易领域的探索和实践是一脉相承的。德勤全球资金管理咨询业务主管合伙人梅丽莎・卡梅伦（Melissa Cameron）指出，对中资银行而言，交易金融也变得越来越重要；未来传统息差业务模式不可持续，将企业多种业务进行交叉销售，获得新的业务增长点，确保企业结算在银行，才有资格拓展其他交叉业务，企业基本的结算看似最简单，实际上也是最难做的业务。

从这里可以看出交易金融思维的指引方向，即银行通过各种业务、人员、服务等多种要素层面与企业相结合，才能在同质化的激烈银行竞争中立于不败之地。历史上，在互联网时代的初级阶段，大家可以通过电子邮件、视频工具、电话等方式进行沟通，维系与客户之间的联系；但到了互联网时代，随着社交化、场景化、差异化成为影响客户沟通体验的关键因素，再沿用传统的方式就显得不那么足够，因此，沿着前面提到的“互联网蚕茧”，传统的银行开始越来越多地思考，可否通过先进的互联网技术，能在更大的思维格局层面，深度拥抱客户，跟某一客户或客户群体紧密结合在一起，从而实现银行业务的差异化竞争优势，这一阶段可以看作是互联网思维在中国银行业人脑海中的孕育过程。

回到德勤提到的“商务服务 + 支付服务”，当时中国一批卓越的银行家已经有了很长远、清晰的看法。对支付结算背后的玄机，曾担任招商银行行长马蔚华曾指出了其中的奥妙：“银行具有两大属性，一是社会融资中介，即充当存款人与借款人之间的中介角色；二是社会支付平台，即市

场经济中的商品交换要通过银行进行结算。”[①]。前者是第一支付功能，背后是1.4万亿左右利润；后者是第二支付功能，背后的利润是前者的10倍。

互联网金融 1.0 的时代，以支付宝、财付通为主的互联网企业，活跃的重点领域是在支付和结算，也就是上面提到的第二支付功能的市场。通过与“双 11”“微信红包”等场景的深度结合，这些互联网公司在第二支付市场取得了较大的成功。

专题与讨论 3　支付宝、微信支付在社交支付场景的成功案例

1.“双十一”带动支付宝业务高峰

例如：2016 年“双十一”购物节，支付宝公布的数据显示，2016 天猫“双 11 全球狂欢节”开场 9 分 39 秒时，支付宝的支付峰值达到 12 万笔 / 秒，是 2015 年的 1.4 倍；前 10 分钟支付宝的移动支付笔数占比达 92%，支付方式已基本完成了从 PC 端到移动端的迁移；在支付方式的选择上，花呗和余额宝成为非常受网友欢迎的支付方式，笔数占比分别高达 29% 和 18%。

2. 春节“红包”火了微信支付

再比如：2017 年 2 月，腾讯公司发布《2017 微信春节数据报告》，报告显示，除夕至初五，微信红包收发总量达到 460 亿个，同比 2016 年增长 43.3%；中国香港、中国台湾、美国成为春节假期境外旅行最热门的目的地，而韩国成为境外无现金支付笔数最多的国家。

资料来源：根据支付宝和腾讯公司发布的有关资料进行整理（支付宝官方网站（www.alipay.com）；腾讯公司（www.tencent.com））

三、蓄力布局：“软信息”推动交易金融的变革

交易金融背后的推动力，往往身在其中也难以窥得，这种力量实际是市场经济变天的先声。市场经济的基本逻辑是市场将供求信息，高度抽象在价格中，再由价格变动将实体供求信息转化为货币供求的信号引导资源优

① 马蔚华，《网络贷款是趋势银行要转型》，来源于招商银行官方网站（www.cmbchina.com）。

化配置，其中，第二支付功能实现的是实体供求信息在具体与抽象之间的转变，第一支付功能实现的是抽象供求信息（货币价格信息）的转换。

互联网经济兴起之后出现了另一种可能：利用第二支付中沉淀的具体信息不经过抽象化（价格化）过程，即不转化为一般等价物形式的抽象信号，而直接进行一对一的实体资源匹配。可以说，互联网 @ 金融的真正动力就在这种演变之中，这是互联网人容易迷失的地方，也是交易金融的魅力所在。

交易金融从事的活动在一定程度上可以理解为两种机制的混搭，即“市场机制 + 网络机制”，其基本方式包括：（1）在市场机制中处理的资金供求信息被称为“硬信息”，通过第一支付机制运转，赚的是佣金。（2）在网络机制中处理的使用价值供求信息被称为“软信息”，通过第二支付机制运转赚的是各行各业主营业务租金。

从这个角度来理解，我们可以看到，未来金融信息服务不光要围着硬信息单纯进行资金匹配（所谓“传统息差业务”），更要配合以“软信息”，深入到银行以往不直接触及的实体经济交易本身细节中，进行产品与服务的匹配（以赚取降低交易费用之差），例如：交易对象撮合作为交易金融功能延伸，通过从众多有效数据库中寻找条件匹配的交易对象，在线实现企业交易撮合等。比如中信集团通过共享中信银行 52 万企业客户资源，通过有效的条件匹配创造更多交易机会，推动集团实现了“金融 + 实业”的特色模式。

四、化蝶破茧：搭上交易金融 2025 的高质量发展之车

市场经济以金融方式为主进行资源配置的方式已运行了很多年，形成以华尔街为代表的虚拟经济，但华尔街金融模式的弱点是配置资源不精准，且交易费用大；互联网金融将来会把资源配置机制从以价格（货币）为核心的一般等价模式改造为以信息为核心的情境定价模式，以解决人类从大规模配置资源转向个性化配置资源的问题。

现阶段以银行为主体的交易金融业务涉足尚浅，大家还在各种探索中，比如：有的理解交易金融是各类部门的重新组合和跨部门“套利”，更多地把交易金融纳入到“金融 + 电子商务”的混搭或者“供应链 + 电子商务”，以及数据质押模式和综合信息金融服务模式等等，以国内大型

银行为代表，中国银行业已经开始基于发达成熟的互联网社会积淀，以及中国经济蓬勃兴起，各类金融需求层出不穷的良好契机，开始呈现出“蝶变转型”的趋势。在一定程度上，银行开始以交易金融为突破口，对现有的互联网社会金融业态进行优化升级，例如新兴的“电子供应链管理”（E-Supply Chain Management，E-SCM）可以高效率地管理企业的信息，帮助企业创建一条畅通于客户、企业内部和供应商之间的信息流；再比如：通过“数据质押”，银行能够实时、动态的掌握企业真实的资金流、商流和物流等交易数据，共同点是重心从一般等价物转向非一般等价物，好比货币“贝壳”化、“邮票”化。

交易金融的实践证明，银行利用互联网可以服务于企业的绝大多数交易活动，而不只是金融交易活动，向企业客户提供多种“信息 + 金融”的交易服务，成为联系银行和客户的有机纽带，是银行与企业双赢发展之道，有助于推动经济转型；反过来，互联网搞金融也不是只有当银行一条路，不是只有华尔街化一个方向，历史上，中国就曾经产生过山西票号这样独立创新的举措，而交易金融是独立于华尔街之外的思维，它是沿着为实体经济服务这一相反方向出现的创新，与银行服务实体经济的方向是一脉相承。

第二篇　时代篇：交易金融的时代旋律

——交易金融是银行通向高质量发展之桥

2017年2月，中国银行业协会发布的《中国银行家调查报告（2016）》显示超过六成的银行家对发展交易金融业务持积极态度，认为应大力发展、稳步推进交易金融。

第一节　电光火石：现在是最好的时代

交易金融依托互联网思维，广泛利用科技智能技术，具有低风险、收益稳定、低资本占用的特点，对于正处于经济放缓、金融去杠杆和利率市场化环境中的中国银行业而言具有现实意义。

一、广交“诸侯”：切换到全球连通的频道

首先，中国经济作为国际社会治理的重要力量，对全球经济增长贡献巨大，在这样的国际环境下，“走出去”“一带一路”等有助于全球人类共同进步的战略和倡议陆续提出，这为金融业的发展提供了广阔的国际环境，便于银行于全球广泛连接，多触角深入。

在这个角度看，交易金融与国际化的协作分工具有天然的共通性，将从中受益匪浅。当前，中国银行业积极投身“一带一路”等国际战略的落实和建设工作，在提升跨境融资能力和提供综合化金融服务等方面取得了很多进展，这其中不仅需要广泛的国际国内投融资合作，还涉及大量配套金融服务，包括代理行关系、银团贷款、资金结算和清算、项目贷款、账户管理、风险管理等，这些都为国内银行业金融机构发展交易金融提供了良好的历史机遇。

1. 助力中资海外发展

交易银服务行对企业“走出去”意义重大：一是便于企业集团统筹境内外资金调剂使用，最大限度发挥资金管理效益，为企业“活血化瘀”。二是可以协助企业搭建境内外资金统一视图，增加资金信息透明度，加强全球资金掌控力，提高资金预算、规划、支付的可视性。三是可以增加企业资金风险管理能力，提高集团主体对境外资金的监控力，有效掌控境外资金流向，降低资金支付风险，并通过一些市场化的操作，降低境外资金的汇率风险。

例如：机械行业或基础建设行业的公司到南亚去会碰到什么样的问

题？首先是它们不了解当地市场，包括客户市场、销售市场，还有金融市场，银行可否给中资企业进入当地市场提供建议或便利？比如，中联重科很早之前就开始把器械向印度市场出口，并且在印度的进口市场中已经占到了30%，所以对于它们来讲，已经看到了自己的产品在印度占领的市场份额，需要做的就是完成生产的本地化，降低生产成本，降低市场反应的程度，从而获得增长速度，此时就急待银行相助。

2. 中资银行业发展的必然选择

在企业“走出去”过程中，特别是在“一带一路”的大背景下，中资银行也将迎来“金融走出去”的契机，迎来了国际化发展的新机遇，主要集中在两个方面：（1）海外布局的需要。中资企业“走出去”使中资银行对于在境外设立实体机构或网点方面需加快布局，目前“一带一路”主要涉及东南亚、中亚、欧洲及非洲等地区，但在这些区域我国银行业的布局较为单薄，目前，中资银行在服务企业“走出去”的过程中更多的是依托外资银行的海外平台和离岸业务。（2）一体化跨境金融服务整合能力的呼唤。随着中资企业“走出去”，对中资银行金融服务需求呈现出复杂化、多元化和综合化的特点，从以往单纯的结算、融资等基础性的金融服务向信用支持、避险理财和现金管理等更高端和结构复杂化的产品需求过渡，从个体企业的金融需求，拓展到以跨国供应链为主体的金融服务需求。

二、交易池渊：面向2025的中国新商业环境

回到国内，中国的商业模式从工业标准——互联网标准进化，形成了各类业态交织、社交万物生长的丛林。有了业态丛林，通过交易会衍生出传统金融服务以外的增量需求。谁掌握了先进的交易模式，谁就将最先化茧成蝶；同时，以国家对银行的政策导向看，对于金融的要求也从做大做强到抗风险、服务实体回归银行业的本源来调整布局结构。从这个角度看，发展交易金融是银行业回归初心、服务实体经济的需要。随着中国经济结构调整，企业行为也在不断发生变化，企业在经营过程中，业务范围通过纵向延伸、横向扩张逐渐扩大，跨区域甚至跨境业务日益增多，对支付能力与结算网络提出了更高的要求。

作为最贴近实体经济发展的银行业务，交易金融回归公司业务的实质和本源，从客户实际需求出发，将传统支付结算、贸易金融、保理业务、

现金管理等业务相融合，能有效提高交易效率，降低交易成本，大大提高企业客户的综合化服务能力。更重要的是，发展交易金融为企业提供一体化金融服务，有助于深化银企协作关系，使银行回归服务实体经济的初心，实现银企共同发展。

1. 企业端：需要更懂它的银行

从企业端来看，交易金融的特点在于其与投资银行优势互补，同时具有低风险、轻资本、收入稳定、客户忠诚度高的优点，此外，企业还可自建产融结合平台。在业务发展国际化、多元化和市场化日益深入的情况下，不仅大型企业对交易金融产品服务需求迫切，而且中小企业也将不断依赖交易金融服务。目前不少大型企业集团内部资金池下的内部交易金融业务等探索已充分反映了企业对于交易金融的强烈需求。

在某种程度上，交易金融一度被认为是“新时代的银行业务”，并非某项业务的改良延伸或某几项业务的简单相加，而是银行管理理念和对公金融产品服务供给形式的全面转型，从“部门银行”转变为“流程银行”，这是从企业端对于交易金融模式的现实需要。

目前，从中国企业管理实践来看，主要有三个方面的具体需求：（1）银行要更懂如何以企业为中心——不仅需要银行能提供各类金融产品，更需要银行可以为企业出主意，提供一揽子整套的金融解决方案。（2）银行要更懂企业的“朋友圈”，即企业在选择银行服务的时候，常常会考虑该银行是否能对该企业所在的上下游、产业链、客户生态等在内的“朋友圈”有何贡献，不仅是引进资金的需求，更是引进智慧的需要。（3）银行要更懂企业的“套路”流程——企业需要银行通过流程优化和价值再造，提供更高效综合的金融服务。

2. 个人端：需要更个性化的银行

交易金融通常认为是对于企业对公业务的改造提升，较少有涉及到对个人客户的范畴。其实，从对客户服务的本质看，不管是个人客户还是对公客户，都是追求类似于客户体验的需求，因此，从泛化的交易金融来看，个人客户对于交易金融的需求同样强烈，从某种程度看，支付宝、微信支付等在个人支付领域的成功实质上是验证了对于第二支付服务，也就是对个人的社交等主题模式的可能性。

对于个人和企业客户的区别，可能更多是个人客户需要“一对一”的服务模式，需要个体化、个性化的交易金融服务。相对而言，对于个人客户而言，银行服务的需求来自于一类人或一个群体，例如：随着互联网转型，银行线下网点早已不是“排长龙”，而是“门可罗雀”，客户流量在不断流失、减少，客户对于银行网点的分离、分化程度越来越强，如何再聚人流、做大流量入口，是个人客户给互联网时代的所有银行提出的一个严峻的挑战。

此外，个人客户差异化强，每个人都不同，但也有批量化、族群化的特点，因此对于银行有两方面的要求：（1）银行必须放下传统上“高高在上”的身段，贴近客户需求偏好，尤其是代表未来的年轻客户。例如：当前“90后”“00后”将是2020年全面进入小康社会之后中国中产阶级的中间力量，但这类人群几乎没有传统银行服务体验的经历，“二次元”“王者荣耀”“嘻哈文化”等新风潮是他们所热衷的，但这类体验和服务却往往很容易被传统银行忽视。（2）差异化也给银行“弯道”“重新洗牌”带来机会。传统银行“规模为先”的概念深入人心，这是与银行从事资金“中间人”的身份分不开的，规模越大，就越容易占据了市场主动权。但进入互联网时代，客户群体流动性强，尤其是个人客户，例如：年轻人热衷的一款游戏的生命周期一般在6个月，也就是说同质化的银行服务对于他们而言几乎是可以随时选择和放弃的，特别是随着电子支付的扩展，银行网点数量、ATM数量对于个人客户选择银行而言的重要性愈发降低。

以2017年很火爆的“王者荣耀”手游为例，该游戏日活跃人数最高破5000万，最高同时在线人数曾破500万，总下载次数突破2亿次，注册用户数亦突破2亿，超过了全球最大银行——中国工商银行的个人客户总数。

专题与讨论4　招商银行发行“王者荣耀”“爆款”信用卡案例

2017年在线手机游戏“王者荣耀”携手招商银行推出了全新的定制版信用卡，区别于普通的招商银行信用卡，本次发行的招行“王者荣耀”联名卡在卡面设计与制作工艺上都进行了深度优化。

该卡在用户权益上，摒弃了以往银行送“福利”的套路，而是给予“荣耀”，该卡的正面以端庄大气的黑色为背景，卡面正中则印着暗金色的“王者荣耀”Logo 图案，时尚而又简约，给人带来尊贵奢华的视觉体验。同时，在卡片制作方面，精致细腻的磨砂工艺使得卡片本身“触之有感，柔和舒适”。

这款信用卡得到了王者荣耀“玩家族群”的大力追捧，成功申办招商银行“王者荣耀”联名卡的玩家在日后生活中的方方面面都能享受到“王者荣耀”为其定制的专属福利与乐趣，出示此卡，“王权”在握，玩家们更看中该信用卡带来的精神满足感。

资料来源：王者荣耀游戏官网（pvp.qq.com）

第二节　增长极限：验证罗马俱乐部的预言

1972 年，世界著名的罗马俱乐部出版了《增长的极限》，提出了对经济增长模式、增长空间的质疑。“增长的极限”这一理论，被广泛应用在各行各业，即任何模式都有增长的极限，不可能存在一种永远一成不变的发展模式。从传统银行业务发展来看，由于利率管制的影响，得益于中国经济过去 30 年的蓬勃发展以及国有银行不良资产重组买断的政策利好，中国银行业过去 10 年里经历了跨越式的发展阶段。根据中国银监会披露的数据，银行业资产总规模从 2007 年末的 53 万亿增长到 2016 年末的 232 万亿，九年翻了 4.4 倍，膨胀速度惊人。

随着利率市场化、金融脱媒化、互联网化、全球经济体进入“缩表”区间，银行通过上述资产膨胀扩张，即以要素投入来推动增长的模式受到了挑战，因此，从银行的发展道路看，轻型化、集约化的交易金融是未来中国银行业发展的必由之路。银行增长的极限主要集中在增长、竞争和盈利三个方面。

一、资本之殇：银行难以承受之重

根据国际金融监管要求，中国银监会2012年颁布《商业银行资本管理办法（试行）》，从2013年起实施中国版《巴塞尔协议III》，加大了对于中国商业银行的资本要求和管控。从具体化的数据可知：9年间银行业总规模翻了4.4倍，背后的逻辑是大量的资本消耗做补充，是受到资本约束的。

从资本充足率来看，国际上18家规模较大的国际大型银行（同业比较选取样本为2017年英国《银行家》杂志按一级资本排名靠前的18家银行），2017年中期（6月末）平均资本充足率为16.32%，其中：招商银行（14.59%）、中国建设银行（14.50%）、中国工商银行（14.46%）、交通银行（13.86%）、中国银行（13.41%）、中国农业银行（13.16%）6家中资银行均位于排名最后的7名中，普遍低于欧美国际大型银行，且差距不小。例如：汇丰集团（21%）、摩根士丹利（21%）、巴克莱（20.7%）的资本充足率水平甚至超过了20%。（见下图）

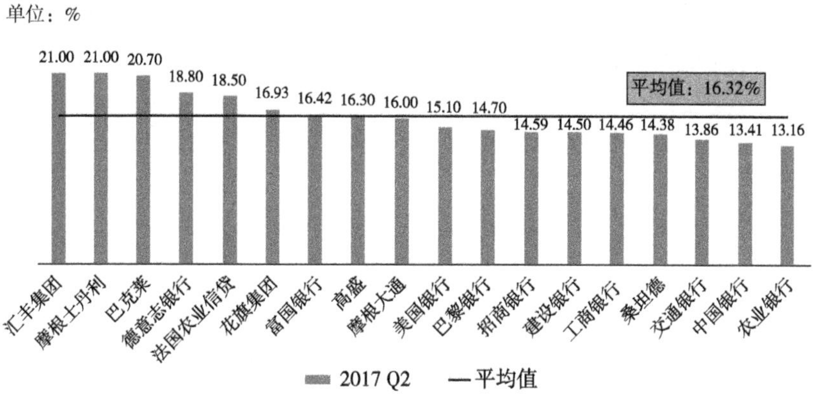

图2-1 2017年6月末国际大银行资本充足率比较示意图

资料来源：国际各家银行2017年度中期财务报告

据2017年中期数据显示：中资“六大行”（中国工商银行、中国农业银行、中国银行、中国建设银行、交通银行、招商银行）在相对较低的资本充足水平上，仍然体现较为明显的“资产扩张型”增长特征，主要依靠资产拉动来提升回报，其中，除招商银行资产增速与资本增速基本持平外，其余5家中资银行资本增速均落后于同期资产扩张速度，粗放式、外延式增长特点明显，对资本耗用压力较大。（见下图）

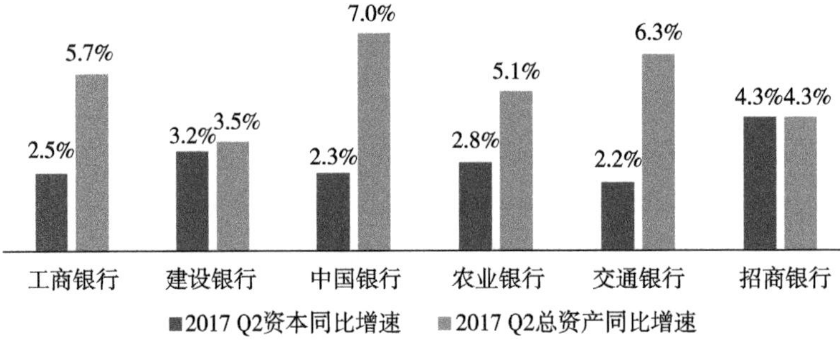

图 2–2　2017 年 6 月末中国“六大行”资本和资产增长情况示意图

资料来源：国际各家银行 2017 年度中期财务报告。

从国际大银行比较来看，外资 12 大银行 2017 年中期资本增速（4.29%）高于资产增速（1.51%），资产扩张对于资本回报的拉动效应不明显；与之相对，中资 6 大银行资本增速（2.88%）显著落后于资产增速（5.32%）。（见下图）

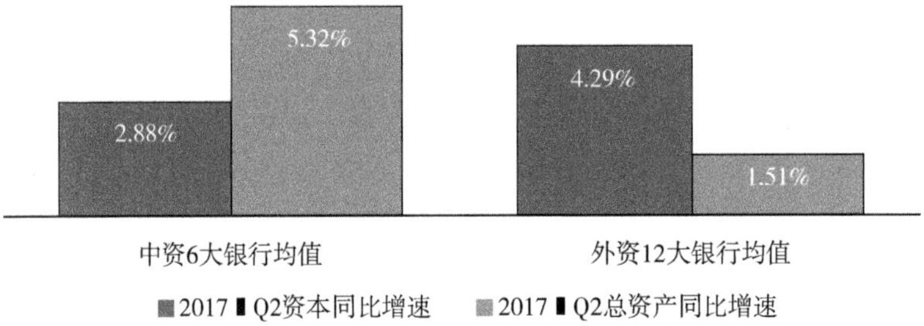

图 2–3：2017 年 6 月末中外主要银行资本和资产增速情况图

资料来源：国际各家银行 2017 年度中期财务报告

另外，从资本缺口和补充的情况看，以前面介绍到的国际 18 大银行平均资本充足率（16.32%）为基准，2017 年中期，中资 6 家最大银行的资本缺口情况很严峻，中国农业银行为 –594 亿美元，中国银行为 –556 亿美元，中国工商银行为 –434 亿美元，中国建设银行为 –344 亿美元，交通银行为 –219 亿美元，包揽了资本缺口最大的 5 家银行，再加上招商银行为 –83 亿美元，中资 6 大银行的资本缺口高达 2232 亿美元，资本缺口压力非常大。（见下表）

表 2-1　2017 年中期国际 18 家大银行资本缺口和补充情况统计表（单位：亿美元）

银行	一级资本	一级资本充足率	总资本	资本充足率	风险资产	资本充足率差距	资本缺口
农业银行	1988	10.58%	2473	13.16%	18790	-3.16%	-594
中国银行	2088	10.93%	2562	13.41%	19103	-2.91%	-556
工商银行	2955	12.67%	3372	14.46%	23323	-1.86%	-434
建设银行	2390	12.68%	2733	14.50%	18849	-1.82%	-344
交通银行	946	10.62%	1235	13.86%	8908	-2.46%	-219
美国银行	1948	11.60%	2536	15.10%	16793	-1.22%	-205
桑坦德	786	10.72%	1054	14.38%	7332	-1.94%	-142
巴黎银行	951	11.80%	1185	14.70%	8059	-1.62%	-131
招商银行	598	12.42%	702	14.59%	4815	-1.73%	-83
摩根大通	2124	12.80%	2655	16.00%	16594	-0.32%	-54
高盛	829	12.20%	1108	16.30%	6795	-0.02%	-2
富国银行	1753	12.08%	2383	16.42%	14512	0.10%	14
花旗集团	1751	13.11%	2261	16.93%	13356	0.61%	81
法国农业信贷	476	12.40%	710	18.50%	3839	2.18%	84
德意志银行	623	14.10%	831	18.80%	4418	2.48%	109
摩根士丹利	696	16.00%	914	21.00%	4350	4.68%	203
巴克莱	704	13.10%	1112	20.70%	5374	4.38%	235
汇丰集团	1525	14.70%	2179	21.00%	10374	4.68%	485

资料来源：各家银行 2017 年度中期财务报告；单位：亿美元。

上面仅分析了中资 6 大银行的情况，还不包括大多数中资股份制银行、城市商业银行、农村金融机构等，如果算上这些银行业金融机构，资本缺口规模的挑战将更为严峻。过去 9 年间，中资银行总资产翻 4.4 倍的增长模式几乎到了极限，资本压力已成了中资银行难以承受之重，亟待寻找资产、资本友好型的新增长模式。

此外，中国银监会也在密切关注银行资本消耗问题，并于 2017 年 7 月份印发《关于完善商业银行资本补充机制的通知》，要求各家银行加强商业银行资本管理，引导商业银行建立动态资本补充机制，提高资本质量，强化资本约束，促进商业银行科学、可持续发展。

二、竞争之困：同质化厮杀的伤痕

毕马威在“2017 未来论坛”年会现场，就中国银行业同质化竞争问题进行了解读，指出同质化经营是当前中国银行业发展的突出问题；尽管部分银行做出了很多有益的探索，但在客户基础、业务结构、产品组合、收入格局上，银行业发展态势整体上差异化仍然不足。

同质化竞争，也会遇到极限“天花板”，银行业网点布局扎堆，集中营销大户，对集团客户多头授信、过度授信等现象仍然较为突出。同质化必然会导致过度竞争和无序竞争，引发金融供给过度与金融服务不足并存的问题，不利于提升金融服务的专业化水平。

所谓“同质化”是指同一大类中不同品牌的产品在性能、外观甚至营销手段上相互模仿，以至逐渐趋同的现象，在产品同质化基础上的市场竞争行为称为“同质化竞争”。银行同质化竞争主要是指境内银行之间提供给客户的金融产品、金融服务、金融项目雷同，并且相互跟风，恶性竞争的一种行为。最为严重的表现是，在资产业务上，多家商业银行共同争夺一家上市公司、集团性公司或者垄断性企业的资产业务，而一旦这个上市公司出现风吹草动，众多商业银行又一起追讨贷款，最终把企业逼上死路，众多商业银行的贷款也面临共同风险，这是同质化恶性竞争的典型案例。当然，在给客户提供的理财产品、在代理公共收费等方面，同质化竞争也相当严重。

由于没有明确的市场定位，特别是在理财产品、新业务拓展上，大多数银行都出现了“眉毛胡子一把抓”的现象，代理保险业务，代理基金业务，通道业务以及近年来频发事故的“同业业务”背后都有银行“一窝蜂”同质化竞争的影响。此外，从经营模式上也有同质化趋势，例如：一家银行成立基金公司、金融租赁公司、消费金融公司，其他银行马上就一哄而起。

同质化竞争中，银行过于关乎对手的表现，而不是关注自身的优势和长短板。虽然近年来银行业在不断强调营销战略、竞争战略，但是，各银行战略仍然相对较为笼统；客户细分、目标客户也常常是交叉存在的，例如：近年来热门“直销银行”，截至 2017 年 6 月末，中国建立直销银行的银行已经超过 70 家，但各家银行之家特色不明显，同质化让开发者和消费者麻木；不光产品内容无二，名号也很雷同，多家直销银行货币基金理财产品中，无一例外的“薪”字当头，至于“宝”和“通”也都成了一个符号。

同质化竞争往往会导致出现两种情况：（1）同质化容易导致恶性竞争现象。目前，这么多商业银行如果提供性能雷同的产品，那么，竞争的激烈程度可想而知，出现恶性竞争是必然的，而恶性竞争又往往会出现违背监管政策和要求的不正当竞争，最终导致市场混乱。（2）同质化恶性竞争往往导致两败俱伤，使金融产品的预期效益大打折扣甚至出现“赔本赚吆喝”的现象，最终受损害最大的是各家商业银行。

从另外一个方面，银行同质化竞争受益最大的是客户，通过竞争，银行提供的同类金融产品必然降低价格，客户能够享受到“物美价廉”的产品，同质化竞争使得任何银行对于这种金融产品不能形成垄断，长期来说，有利于客户，但同时必须认识到，商业银行从产生的那一天起，业务、产品、服务等就存在同质化的问题，完全克服同质化是不现实的，经历同质化竞争，也是符合银行发展趋势的一个必然经历的阶段，有利于下一步压力传导，促进银行进行交易金融等更接近客户的思维方式和营销模式的构建。

同质化竞争来源于市场，其解决也要依靠市场“看不见的手”，通过市场压力倒逼，让银行创出具有自身特色的品牌、产品和服务。如果市场机制比较完善和健全，同质化竞争就会被市场自行消灭掉；在银行同质化竞争严重的情况下，银行必须想方设法降低产品、服务成本，否则，就没有回报。那些高成本、没有回报甚至赔本的产品、服务不可能长期存在下去，最终站住脚的是那些成本低、质量好、回报高的产品和服务，这些产品和服务就可能成为这家银行的特色产品。例如：美国花旗银行的银行卡业务成为其中间业务收入的支柱就是在与其他银行长期竞争中形成的。

特色是创出来的，是拼搏竞争出来的，不是想象出来的，因此，银行一方面应该通过创新前瞻、体制变革等方式，确定具有自身特色的经营战略，确定能够发挥自身优势的市场定位；另一方面应该对现有同质化产品、服务进行深度挖掘、提升，探索交易金融等新兴的经营竞争模式，提高核心竞争力，使其在市场的激烈竞争中立于不败之地。

三、盈利之巅：价差空间备受挤压

我国商业银行的利润大部分来自净息差的贡献，盈利模式单一，但利率市场化最显著的影响就是导致银行净息差的下降，从而导致传统信贷规模驱动的盈利模式不可持续，吃利差时代远去，银行盈利增长遭遇极限。

1. 净利差持续下滑

数据显示：2017 年上半年，在国际主要银行中，中资银行净息差（NIM）水平落后于平均水平，其中最高的中国农业银行（2.24%）仅排名第 7，落后排名第一的巴克莱银行（3.84%）1.6 个百分点。（见下图）

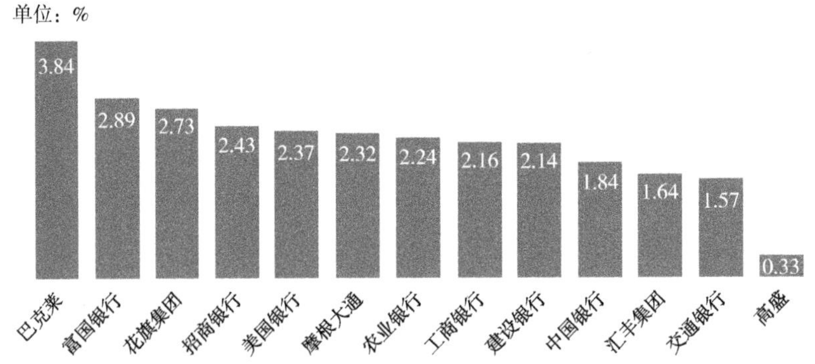

图 2–4　2017 年上半年国际主要大银行净息差（NIM）示意图

资料来源：国际各家银行 2017 年度中期财务报告

从增长情况看，中资银行的净息差还面临进一步下滑的挑战，2017 年上半年中资银行净息差均同比下降，其中：中国工商银行表现最好，下降 5BP（1BP=0.01%）而交通银行大幅度下降 40BP，是跌幅最大的银行。与此相对，欧美主要银行净息差水平稳中有升，巴克莱（13BP）、美国银行（9BP）增长较快。

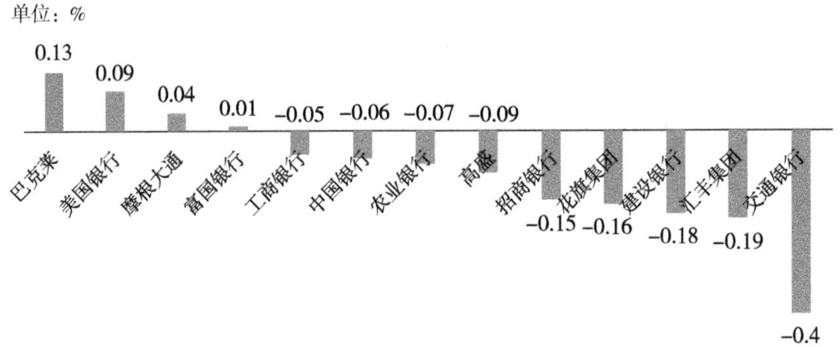

图 2–5　2017 年上半年国际主要银行净息差同比增长情况示意图

资料来源：国际各家银行 2017 年度中期财务报告

2. 盈利模式单一：过度依赖信贷利息收入

长期以来，中国银行业经营过度依赖信贷业务，虽然这些年来银行中间业务有所发展，但主要仍是围绕信贷业务所衍生的收入。目前，绝大多数商业银行净利息收入占营业收入的比例超过 80%，特别是过去存款上限和贷款下限的双向管制，大致保证了商业银行贷款可获得相当大的净利息收入，由此导致金融机构倾向于做大贷款规模。

数据显示：2017 年上半年，中资银行的非利息收入占比几乎是国际主要银行中最低水平，过度依赖信贷投放的利息收入的情况依然很明显，其中：招商银行（37.82%）、中国银行（33.55%）相对较高，而中国农业银行（24.34%）是 18 家国际大银行中最低的，非利息收入还不到总收入的四分之一。（见下图）

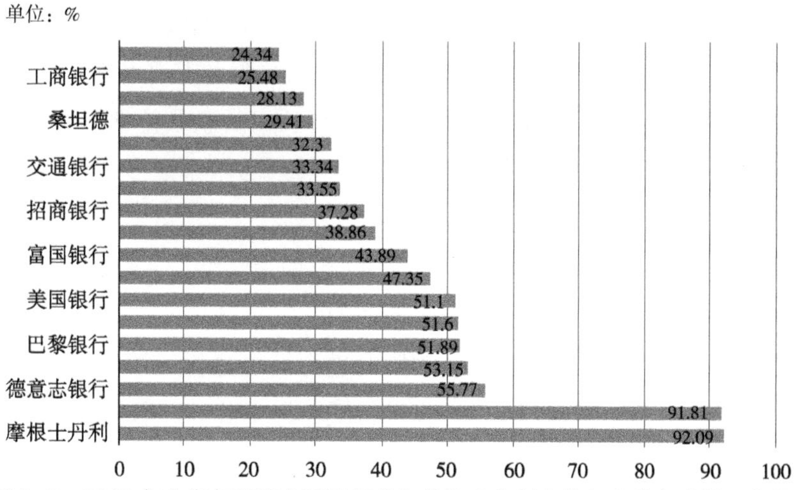

图 2-6 2017 年上半年国际主要银行收入结构（非利息收入占比）比较示意图

资料来源：国际各家银行 2017 年度中期财务报告

除了盈利模式单一，银行过于依赖信贷经营将会明显增加其经营不稳健性，隐含了较大的金融风险。信贷的过度投放，导致我国货币量被动增加，不仅如此，信贷对资本的消耗过大，反过来影响银行资本充足率明显下降，造成更大的资本缺口。此外，从宏观审慎的视角看，信贷资产质量存在顺周期性，在宏观经济增长放缓、下行压力增大背景下，金融机构信贷资产质量的劣变可能增大；同时，对于单一依靠信贷等资产投来来推动增长，其收益的稳定性、持续性也会遇到挑战。（见下图）

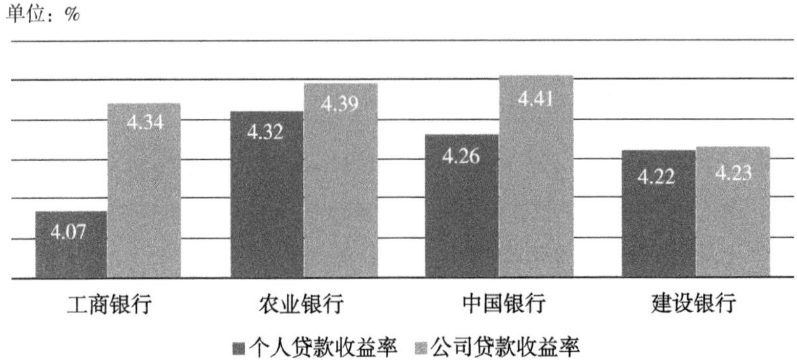

图 2-7　2017 年上半年中国四大国有银行（工农中建）贷款收益率示意图

资料来源：国际各家银行 2017 年度中期财务报告

数据显示：2017 年上半年，最具代表性的四大国有银行（中国工商银行、中国农业银行、中国银行、中国建设银行）的贷款收益率已经基本上与中国人民银行的挂牌利率（一年期金融机构贷款基准利率）4.35% 持平，甚至低于该水平，其中：中国农业银行公司贷款收益率（4.39%）和中国银行公司贷款收益率（4.41%）略高，其余的四家银行的个人和公司贷款收益率都低于 4.35% 的水平。

另外，从贷款收益率的趋势看，2017 年上半年，四大国有银行的个人、法人贷款收益率均呈现同比下降的状况，结合同一时期中国人民银行"缩表"货币投放增速放缓的情况进行综合分析，在货币供应"降速"情况下，理应市场资金应相对同比更为紧张，根据供需关系，贷款收益率水平应该是上升的；但实际上，事实上贷款收益率是反方向变化的。当然，贷款收益率影响的因素很多，但可以从上述数据情况看到单一依靠信贷拉动的增长模式价格上不去，并且稳定性方面长期看也不理想。

上述影响将从另一个角度倒逼银行加快经营转型，例如：利率市场化条件下，贷款利率下限的取消，银行贷款利率下浮空间被打开，受保护的净利差有可能会缩小，促使银行加快改革，探索挖掘非利息收入的"蓝海"，从"做存量"转向"抓流量"，探索轻量化、资本友好的交易服务型增长模式。（见下图）

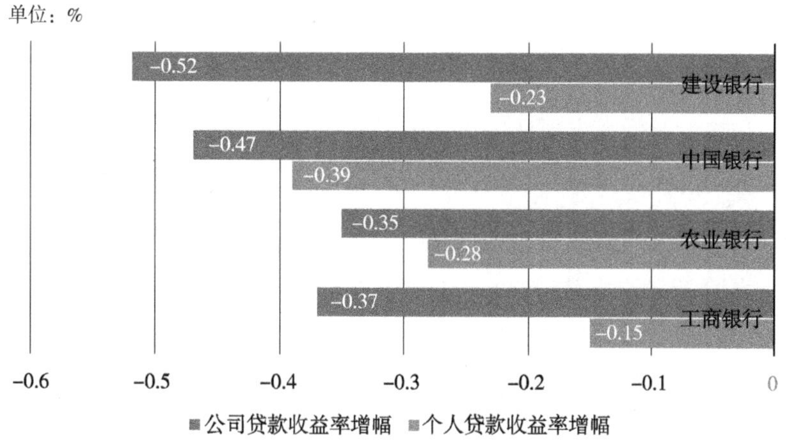

图 2-8　2017 年上半年中国四大国有银行（工、农、中、建）贷款收益率增长趋势图

资料来源：国际各家银行 2017 年度中期财务报告

第三节　宿命之争：谁的目标最重要

交易金融思维的升华不仅是市场的呼唤或者是增长模式遇到极限，也是银行发展内源的转型升级。从股东、管理者和员工的视角来看，随着互联网理念的深入人心，在内源的层面上也对银行转型升级提出了要求。

一、市值博弈：来自股东的新诉求

传统的银行股东奉行股东财富最大化的目标，即通过银行合理经营为股东带来最多的财富。中国绝大多数银行均是由政府最终控股，因此，在相当长的一段时期，股东对于银行的要求通常集中在回报率（如资本回报率、资产回报率）以及国有资本的“保值增值”情况，并以此目的来设置相关考核指标，对银行经营发展进行约束。这种管理模式符合经济学关于股东回报的界定，在实务领域也经历了多年实践，已经很成熟。

但随着银行上市（IPO）、公开发行次级债，评估银行价值的市场化渠道和机制日益成熟；同时，随着互联网时代的信息“爆炸”，近年来一些涉及银行声誉风险的“黑天鹅”事件更容易频发，导致影响银行价值的因素变得更加多元；在这种情况下，股东关注的视角也在逐渐放宽，呈现从盈利管理到市值管理的趋势，以中国银行业目前的状况来看，如何在上市或在公开的市场行为方面适应市场的要求，转变经营观念，打造成为令投资者和公众信赖的银行，实现银行市值的持续稳定增长是股东越来越关注的方面。

1. 中国银行业市值情况

银行市值表面看是股价与股本的乘积，本质上是银行内在价值的市场表现。从国际上看，优秀银行相对较高的市场估值是市场股东对其商业模式、内在价值和发展趋势的认可。

数据显示：2017 年 6 月末，中资银行市值总体水平在全球排名比较靠前，中国工商银行为 2678 亿美元，中国建设银行为 1950 亿美元，中国农业银行为 1675 亿美元，中国银行为 1563 亿美元，招商银行为 868 亿美元，交通银行为 605 亿美元，6 家银行市值合计 9339 亿美元，占全球前 16 大银行市值总规模的 37%。

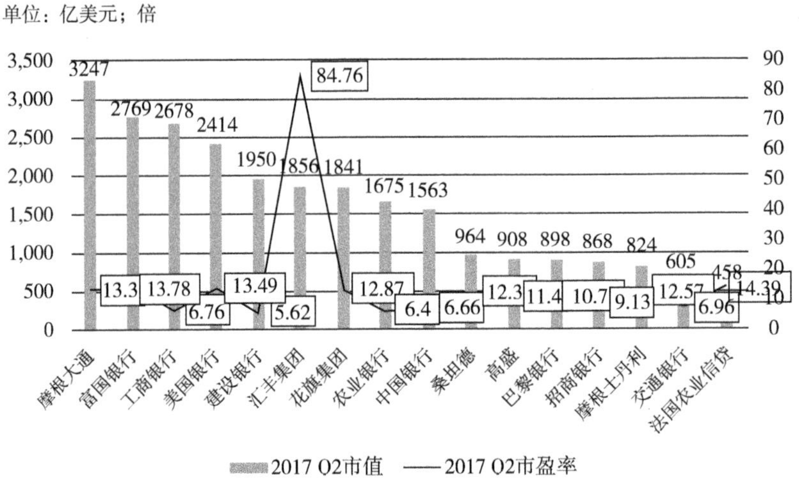

图 2-9　2017 年 6 月末全球 16 家大银行市值及市盈率情况示意图

资料来源：根据国际各家银行 2017 年度中期财务报告，以及全球各大证券交易所公开资料整理

但从市盈率上看，虽然中国银行业的市值水平较高，但与利润回报规模相比还有一定的差距。例如：汇丰集团的市盈率最高，达 84.76 倍；与之相对的，中资银行中最高的招商银行同期市盈率为 9.13；前者是后者的

9.28 倍之多。这意味着与招商银行相比，汇丰集团每赚 1 美元的利润给股东财富的增值程度是招商银行的 9 倍多。（见下图）

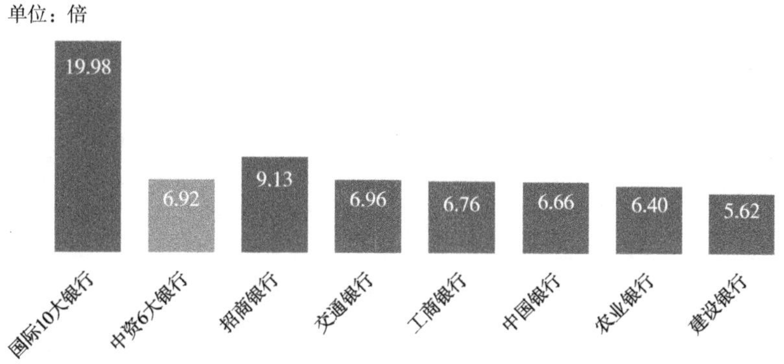

图 2–10　2017 年 6 月末全球 16 家大银行市盈率分组比较情况示意图

资料来源：根据国际各家银行 2017 年度中期财务报告以及全球各大证券交易所公开资料整理

进一步来分析，国际 10 大银行（汇丰集团、法国农业信贷、富国银行、美国银行、摩根大通、花旗集团、摩根士丹利、桑坦德、高盛、巴黎银行）2017 年 6 月末平均市盈率是 19.98 倍；而中资 6 大行平均市盈率为 6.92，远低于国际平均水平。从中资银行个体来看，招商银行高于国有"四大行"；其中，在"四大行"中，中国工商银行市盈率相对较高（6.96）。

表2–2　2017年6月末全球16家大银行股价和每股净资产情况比较表（单位：美元/股）

银行	股价（A）	每股净资产（B）	股价 – 每股净资产（C=A–B）
高盛	221.90	1.14	220.76
摩根大通	91.40	1.38	90.02
巴黎银行	71.97	0.86	71.11
花旗集团	66.88	0.86	66.02
富国银行	55.41	1.53	53.88
摩根士丹利	44.56	1.17	43.39
美国银行	24.26	0.98	23.28
法国农业信贷	16.08	0.77	15.31
汇丰集团	9.26	1.00	8.26
桑坦德	6.50	0.95	5.55

续表

银行	股价（A）	每股净资产（B）	股价 - 每股净资产（C=A-B）
招商银行	3.53	1.44	2.09
交通银行	0.91	0.71	0.20
工商银行	0.78	0.96	（0.18）
建设银行	0.77	0.81	（0.04）
中国银行	0.55	0.81	（0.26）
农业银行	0.52	0.89	（0.37）

资料来源：根据国际各家银行 2017 年度中期财务报告以及全球各大证券交易所公开资料整理

从股东财富的保值情况看，中资银行股价偏低，部分银行出现股价低于净资产的情况；这反映了这些银行的市场价值相对于真实的资产价值，存在低估的情况，在一定程度上这可以理解为股东的财富有可能在市场层面受到损失，例如：中国工商银行为 –0.18 美元，中国建设银行为 –0.04 美元，中国银行为 –0.26 美元，中国农业银行为 –0.37 美元；相对而言，欧美主流大银行在这方面表现很突出，例如：美国摩根大通银行的股价是 91.40 美元，每股净资产为 1.38 美元；相当于该银行的股东每持有 1 股就实现了 90.02 美元的增值。

2. 股东的烦恼：为什么市值低

经过与国际大银行业务、管理、市场等方面的对比，中资银行在市值方面存在一定差距，主要表现为：

（1）外部环境层面。中国银行业外部经营环境复杂，大型银行转型艰难，新的商业模式尚未全面成型，市值不确定性因素较多，容易引起投资者的质疑和困惑，相对而言，也会影响到股价和市值。

（2）银行战略层面。中国银行业战略趋同，业务结构单一、发展失衡，在国际资本市场认可度不高，相对而言，更容易具有短期利益的“冲动”，影响市值低迷，市场表现不佳。

（3）经营模式层面。与国际大银行相比差距较大，中国银行业轻量化、交易性业务少，资本耗能高的信贷资产比重大，重资本、重风险，因此银行平衡风险和收益的难度和挑战也自然更大，随之影响了市场对于银行传统模式的认同。

纵观全球成熟的上市银行，高回报的股价和市值背后，是百年发展历史上对于风险和收益的长期把控驾驭能力以及适应当前全球经济趋势和互联网业态变化的轻型、友好、可持续的业务增长模式，这些模式被市场、投资者乃至社会公众认可的同时，也在更高的格局和层面上实现了对股东的责任。从这个角度看，中国银行业向交易金融思维导向的转型不仅是银行自身的诉求，而且是股东从整体上要考量的重要因素。

二、代理争端：行长的困境和苦恼

银行是经营风险的机构，风险就是银行收入来源的本质，因此，对于银行管理者而言，始终是在追求风险和收益的平衡，堪称是“风险收益平衡木上的舞者”。从风险来看，银行作为经营货币的机构，在其日常的经营活动中随时随地都有产生风险的可能，由于风险的不可避免和难以消除的特性，银行只能通过实践找出其规律性达到控制和锁定风险的目的，而由于风险的双向性特征要求商业银行尽可能做到将损失和收益对称，即达到风险的平衡，银行管理者是通过主动地控制、锁定收益和损失来达到风险平衡的，好的行长就是能不断在收益和风险的匹配过程中，把握机会，带领员工为股东创造收入。当前行长面临的风险除了银行整体面临的比如模式单一、新动能不足等以外，还在以下方面面临多元化的挑战。

1. 监管“零容忍”

2017 年以来，历经大约半年的时间，中国各级监管部门对银行业进行了集中整治，治理银行“乱象”，让各家银行行长感受到了来自监管层的“高压”整顿：除了各级监管部门“上门严查”，还督促商业银行开展自查，严格问责，全面加大监管行政处罚力度。据 2017 年 10 月《21 世纪经济报道》报道，2017 年以来 28 家全国性商业银行内部问责 5.8 万人次；其中，几乎每起责任事件背后，银行主要管理者都要承担相应的责任。

另据统计，2017 年前 9 个月，银监系统共作出行政处罚决定 2436 件，处罚银行业金融机构 1386 家，对机构罚款合计 5.55 亿元，没收违法所得 0.7 亿元，罚没金额合计超过 2016 年的 2 倍；处罚责任人员 1020 名，罚款金额合计 2068 万元，取消 122 人一定期限直至终身的董事、高管人员任职资格，禁止 47 人一定期限直至终身从事银行业工作。

对于行长而言，监管“零容忍”的态势给风险和收益的平衡提高了难度。根据银监会的规定：在监管处罚中对于发生案件的，坚决问责经办人、相关人和负责人；造成风险的，严格惩处业务发起人、业务审批人和机构负责人。情节严重的，坚决顶格处罚；推动建立银行从业人员黑名单制度，对于严重违规违纪、被机构开除的责任人员，一律列入黑名单，实施行业禁入，防止高管带病流动、提拔。

2. 不良倒查责任

随着新常态下市场经济规律的深化和产业升级、转型，原来一批产能过剩、面临淘汰的企业被迫升级转型，在这个过程中，难免容易出现不良贷款的情况。据中国银监会发布 2016 年四季度主要监管指标数据显示：截至 2016 年四季度末，中国商业银行不良贷款余额 15123 亿元，较上季末增加 183 亿元，不良贷款率为 1.74%。不良贷款的问题，给银行各级管理者带来了新的挑战。

同时，各家银行都纷纷升级了对于不良贷款管理和处置的管控机制。这些机制中很核心的一条，就是把不良贷款的责任与各级管理者挂钩；并且出台了一系列的办法，来约束行长和不良贷款之间的关系。例如：银行曾经规定，对于不良贷款较多的支行，或者自身与不良贷款有关的支行行长，辞职后不能马上离职，而是要处于待岗状态，按要求将不良贷款处置完毕后，才能办理离职手续。

在这种情况下，银行管理者既要增收，实现利润增长目标；又要严控甚至杜绝风险；在传统的依赖信贷拉动增长的银行经营模式中，管理者在风险和收益上进行平衡的难度越来越大。

3. 管理人才危机

进入互联网金融时代后，银行流失的最大的两方面资源：一是存款的流失；二是人才的流失，尤其是管理人才的流失。银行管理者是银行的“舵手”和“平衡木的舞者”，是银行经营发展的核心力量，因此，管理人才的流失，对于银行而言，无疑是很大的损失。据不完全统计，2013–2017 年以来，传统商业银行以各种原因，流失的高级管理人员，已经超过 50 名之多。

另外，在监管、风险、任务指标的多重压力下，银行管理人员要面对的挑战和压力也在与日俱增，这在一定程度上，也造成往日光鲜无比的银行行长职位对于社会优秀人才的吸引力有所下降，不利于银行管理人才队伍的长期建设和培养。在这方面，一些大型银行已经开始抓紧管理人员队伍的建设，通过培养全面适应未来互联网时代银行转型要求的高素质管理队伍来推进银行转型和经营管理水平提升。

例如：据《凤凰财经》在2016年8月31日报道，中国工商银行将坚定不移地实施人才兴行计划，启动五年关键性人才培养计划与人力资源结构动态优化工程，重在以新机制稳定、吸引和用好人才；同时，该行还将实施“311干部培养计划”，突出抓好优秀年轻干部的培养和使用，即选拔培养300名高级领军型干部，1000名中级管理型干部和10000名基层管理干部。

三、异端兴起：如何适应“二次元”时代的员工

互联网时代，传统银行内部正在发生深刻变化。前面提到的股东诉求、管理者挑战，都逐渐在进行调整。员工作为银行的管理基础和具体工作任务的执行者，在新的时代背景下，也在发生变化。

从传统上，银行长期以来采用的是自上而下的管理模式，高层领导一声令下，所有基层员工都必须遵照执行，不允许出现与命令相违背的声音与举动，例如：铁的规章制度、KPI绩效考核、银行任务指标等因素，通常被视作银行成功管理的标志。从辩证的角度看，任何机制都存在适应性方面的挑战；随着互联网时代员工社交化、个体化、差异化诉求的不断演进，使得员工认为自身与银行之间仅仅是纯粹的雇佣关系，容易导致缺乏责任意识与团队意识，例如：遇事不会主动担当，相互推诿，从而影响银行的组织绩效。

在互联网时代，银行的工作流程、人际关系、领导者的角色定位和银行股东价值观都发生了一定的变化，“行长专制时代”的标签与当前的社会背景可能存在一定的不匹配的地方，这时，银行与员工之间的关系更多地被定义为伙伴与队友，二者求同存异，明确地知道彼此存在的价值，并乐于相互帮助，因此银行也在不断寻求企业和员工价值观的契合点，致力于打造与新生代员工价值观相吻合的文化与愿景。

随着“80后”“90后”等“新生代”“二次元”员工逐渐加入银行队伍，这些出生于20世纪80、90年代的年轻人大部分都是独生子女，个性张扬、追求独立、思想开放是他们的显著标签，他们乐于接受新事物，富

有敏锐的洞察力和无限的创造力。由于“新生代”银行员工具有不同于传统员工的个性特点，如何最大限度地激发“新生代”银行员工的创造潜能，通过多样化、人性化的工作设计来提升员工满意度，增强“新生代”员工与企业的匹配度，给传统银行的员工管理模式带来了极大挑战。从这个角度看，“新生代”员工也已经成为推动银行转型，转向互联网等新思维的重要内源性力量，这种变化或者说是推动力主要体现在如下方面：

1. 更适应弹性激励

绩效考核是银行衡量员工工作成效的评价标尺，传统的银行绩效考核往往设置了太多束缚员工的条条框框，导致员工在实际工作中顾虑太多，不能放开手脚；“新生代”员工重视荣誉，追求自我实现的特质，决定了其对指标压力的本能抵触，但这些员工更适应弹性的激励方式，愿意通过“加分项”来大胆思考、主动参与、勇于创新，例如：“新生代”员工思维敏锐，擅长针对业务流程制定不合理、系统功能开发不完善等问题大胆提出合理化建议，更愿意通过与客户方进行沟通掌握更全面信息，为银行风险管理提供建设性意见。

2. 更关注情感关怀

随着互联网的发展，“新生代”银行员工在价值观上也开始向多元化的趋势发展，银行传统的基本工资和“五险一金”已经不再能满足员工的需求，当下，员工可能更关注的是银行能否给予其足够的综合性保障和人文关怀，例如：为员工提供的补充医疗保险是否完善，覆盖品种是否完整，各种人文关怀（如生日）是否到位等。

银行对员工人文关怀的方式有很多，例如：开辟“支行员工之家”，购置跑步机、骑马机、甩脂机、台球、乒乓球等各类运动设施，供网点员工在繁忙的工作间隙放松身心，增强体质；通过深入调研，针对不同年龄层次的员工推出一系列有针对性的关怀举措。

对于刚入职的新员工，可以考虑带领他们参加户外拓展项目，提升员工彼此间的信任度，熔炼团队凝聚力；对于新婚员工，为他们举办不同主题的集体婚礼，从西式婚礼到中式婚礼、从汉代婚礼到革命婚礼、从红妆花嫁到唯美童话，心与心交换，爱与爱交融，交织出一幅幅幸福美满的画面；对于产后返岗的女员工，精心布置“妈咪宝贝屋”，让新手妈妈能够安心地为宝宝们提供“口粮”，解除她们的后顾之忧。

与此同时，还可以在每年“六一”儿童节为银行员工子女开设“儿童乐园”，使其与父母欢聚一堂；开设“家属开放日”，邀请银行员工家属来到企业参观，更深入的了解员工的工作内容和工作环境；每年举办无偿献血、爱心捐赠等公益活动，提升员工的社会责任感等等。

这样做的好处：（1）锻炼员工，全面培养员工在互联网时代的银行业务素质和思维习惯。（2）吸引留住员工，为银行长期的转型发展注入活力。

第三篇　演进篇：交易金融 40 载岁月洗礼

——交易金融不是新概念，40 载风雨兼程

早在 20 世纪 70 年代，以德意志银行、花旗银行为代表的一些国际大型银行就开展了类似交易金融业务的探索，通过整合结算、现金管理、供应链金融等业务为客户提供综合性服务。

第一节 追根溯源：交易金融的前世今生

交易金融概念起源于欧美，从 20 世纪 70 年代开始，花旗银行、汇丰银行、德意志银行等国际化程度较高的大型银行率先开始这个领域的拓展，交易金融逐渐成为其重要的战略性业务模式和利润来源。

从发展的历程看，交易金融业务起源于国际大型银行对战略型客户服务的深化。一方面，市场竞争日趋激烈，对大型客户的争夺也日益激烈，银行需要用更为基础和全面的服务来提高客户黏性；另一方面，因为全球化的快速发展，大型企业客户对跨境结算、现金管理等服务的需求日益增多，银行有必要增强自身提供一揽子金融服务的能力以适应客户的需要。

与传统分散的产品、服务提供模式相比，交易金融业务有如下一些特点：一是从产品导向转向以客户为中心，更重视为客户创造价值；二是整合银行资源，提供“一站式”服务；三是嵌入企业日常经营，有很强的连续性，有助于提升客户黏性；四是强调企业生态圈建设是互联网场景思维在企业客户端的应用。

一、演进趋势：交易金融从哪里来

历史上，交易金融的产生和变革一直是由企业生产经营相关需求的变迁所驱动的。交易金融起步于 11 世纪，随着欧洲贸易的兴起以及资本主义在全球市场的扩张，产生了最基本的资金支付和货币兑换需求，货币兑换商即是交易金融的最初形态。到了 20 世纪下半叶，随着现代司库制度的建立，交易金融的内涵也扩展为现金管理和贸易融资领域，以服务贸易核心企业为重点，提供包括支付与兑换、流动资本管理、短期融资与投资管理等司库服务。进入 21 世纪以来，随着信息技术的进一步发展，企业出现了管理整个业务生态链的交易及建立主动的风险管理能力的需求，交易金融的内涵也随之延伸到通过嵌入行业生态圈提供场景化的交易服务以及“产业 + 金融”的增值服务领域，如跨界建设商务平台撮合交易、交易风险防控与提示、金融机构托管服务等。

从交易金融的发展历史中我们可以发现，交易金融的演变是一个贯彻“以客户为中心”的核心理念不断整合产品和服务的过程。交易金融“以客户为中心”的内涵体现在三个方面：第一，交易金融实现了从围绕单一账户提供结算和现金收付产品到覆盖整合交易流程上下游的客户需求的泛供应链产品与服务管理；第二，从销售单一产品的服务模式到注重提供“一站式”的个性化解决方案；第三，从境内服务为主到提供一体化的跨境服务，把跨境金融服务整合到企业的现金管理服务中。

全球各领先银行对交易金融业务的发展日趋重视，成为一大战略转型重点。从客户关系来看，交易金融有助于银行与公司客户建立强黏性的客户关系，为交叉销售打下基础。从风险收益来看，交易金融拥有结构性优势，经济周期性适中，资本金需求较低，还可以为银行贡献低成本的资金和流动性。

二、家族图谱：谁属于交易金融家族

国际上，交易金融概念所涉及的产品、服务范围相当广泛，不仅有传统的资产负债表业务，也包括许多创新的中间业务；既有线下金融服务，也有线上的金融服务；既有对核心企业的服务，也有围绕核心企业展开的对其上下游中小企业的服务等等。

交易金融业务覆盖了企业在交易过程中可能产生的资金管理、融资提供以及风险控制等各方面的金融需求，具体的产品则包括支付结算、现金管理、供应链融资、贸易融资以及托管等。

目前国际大型银行仍是交易金融领域的主要参与者，而其目标客户也以大型企业和政府为主，比如，德意志银行环球交易部（GTB）就定位为世界范围的企业和金融机构提供商业银行产品和服务；花旗银行的交易金融业务也主要定位为世界范围的企业、金融机构和公共部门。近年来，随着市场环境的变化，部分银行（如德意志银行）也开始加大对中小企业客户的关注，以拓展客户基础，稳定市场份额。

例如，摩根大通银行的交易金融业务归属于财务与证券服务部，是整个银行集团的一级层次业务单元，主要服务于大型跨国公司与金融机构，涵盖贸易金融、投资与证券服务三条业务线。摩根大通率先提出“一站式对公金融服务方案”，将服务对象向银行和非银行金融机构延伸，大大扩展了交易金融的客户范围。

再如，花旗银行的交易金融业务主要涉及企业资金和交易解决方案以及证券和基金业务等，其中，资金和解决方案为世界范围的企业、金融机构和公共部门提供全面的现金管理、交易融资和服务；证券和基金业务的服务对象主要是机构投资者，给金融中介机构主要提供托管和清算服务；对大型跨国企业和政府则提供存款、代理和信托等服务。

三、管治先行：怎么管理这类业务

交易金融产品、服务类型众多，其业务流程也横跨了银行的前中后台，要促进交易金融的发展，必然需要组织架构的相应调整。在实践中，不同的银行做法也有所不同，主要可分为独立利润中心和非独立利润中心两类。

独立利润中心的代表有德意志银行、摩根大通等。德意志银行环球交易部是企业及投资银行部（CIB）（该部门由企业融资业务部和环球金融交易业务部合并而成）下属的二级业务单元，该部门拥有相对独立的自主经营权，对部门内的资源拥有相对独立的支配权。

非独立利润中心的代表则有花旗银行和汇丰银行等。花旗银行的交易金融部（即资金和交易解决方案部，TTS）属于银行集团的第三级业务单元，设在机构客户集团（一级业务单元）下的银行业务部（二级业务单元）与投资银行部、公司信贷部及私人银行部并列。机构客户集团下属的另一个二级业务单元是金融市场和证券业务部，下设有固定收益部、权益部和证券服务部等。花旗银行将交易金融业务与投资银行、信贷融资以及私人银行等整合在同一业务部门，可以更好地满足大企业和机构客户的综合需求。

四、天赋破茧：交易蝴蝶的魔力

交易金融根植于商业银行的基础性服务，因此，虽然同属公司金融业务的重要部分，但与投资银行业务相比，有着不同的收益和风险特征：一是风险较低；二是资本占用较少；三是业务收入相对稳定（因为收入类型更为多元化）；这些特征与投资银行业务正好形成了较好的互补。2008 年国际金融危机之后，交易金融业务稳定性好的优势开始凸显，为银行应为危机提供了有益的支持。

从规模和收益情况看，德意志银行的交易金融收入占比较为稳定，一直维持在 10% 左右。金融危机之后，继续维持了较快发展速度，2015 年交易金融业务收入增长 12.8%，利润增长则达到 22.19%，收入占比提高到了 15.88%。花旗银行交易金融部为对公业务的存款余额贡献约 66%，对整体存款余额的贡献约为 40%，收入占比则在 10% 左右。

国际上，交易金融相较于传统银行业务的特点和优势如下：

（1）核心理念的转变。交易金融体现核心理念就是从“以产品为中心”转 变为“以客户为中心”，整合核心企业内部横向的财务、风险、经营管理和外部垂直的 产业链上下游企业所需的整体金融服务解决方案。

（2）确立不可替代的主办银行地位。交易金融主要以现金管理、贸易融资、贸易结算等银行产品为主，通过不同组合深入客户的日常经营活动和交易行为与客户建立起一种前所未有的黏性银企关系，确立不可替代的主办银行地位。

（3）新业务思维和新技术手段紧密结合。近年以来交易金融业务与互联网相结合，建立横跨产业链金融服务应用生态场景，通过交易金融交互平台实现交易的实时化、生态化；同时通过大数据的积累、分析和应用不断深刻了解客户的行为模式、交易习惯及产品需求，提升销售精准化、服务智能化及风险管控的整合化。

第二节 花旗模式：交易驱动的公司机构服务框架

花旗是全球领先的国际化银行，在全世界超过 160 个国家和市场拥有两亿客户账户，为个人、公司、政府和机构客户提供广泛的金融产品和服务，包括个人银行及信贷、公司银行与投资银行、证券经纪、交易服务和财富管理。花旗银行早在 1902 年于上海开设分行，作为首家在中国升起红、白、蓝三色星条旗的美国银行，“花旗银行”因此而得名。当今日中国仍为花旗全球最重要的市场之一，交易金融长期以来一直在花旗银行经营发展中占据重要战略位置。

一、突出关键：交易金融的核心地位

花旗银行交易金融业务主要包括资金和交易解决方案（Treasury and Trade Solutions，简称 TTS）与投资银行（Investment Banking）、公司信贷（Corporate Lending）和私人银行（Private Banking）同属于该行的机构客户集群（Institutional Client Group，简称 ICG）。

花旗银行机构客户集群（ICG）为世界各地的企业、机构、公共部门和高净值客户提供全面的批发银行产品和服务，包括固定收益和股权销售和交易、外汇、主要经纪、衍生品服务、股权和固定收益研究、企业贷款、投资银行和咨询服务、私人银行、现金管理、贸易融资和证券服务。此外，根据客户的需求，ICG 还可以提供现金工具和衍生工具交易，包括固定收益、外币、权益和商品产品，ICG 收入主要来自于这些活动相关的费用和差价。

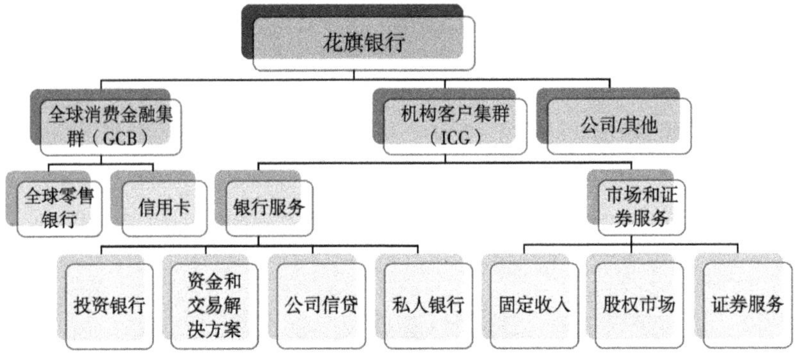

图 3–1　2016 年末花旗银行交易金融组织架构示意图

资料来源：花旗银行官方网站（www.citigroup.com）

在全球层面，花旗银行 ICG 覆盖全世界 97 个国家或地区，交易服务范围包括提供资金和交易解决方案以及证券和基金服务。其中资金和交易解决方案为世界范围的企业、金融机构和公共部门实体提供全面的现金管理、交易金融和服务；而证券和基金服务提供证券服务给投资者，提供托管和清算服务给中介商，提供存款，代理和信托服务给大型跨国企业和政府。主要的收入来源包括业务带来的存款净利息收入，交易过程中产生的手续费、资产托管费等。2014 年，花旗银行将证券和基金服务重新划分至机构客户组板块下的市场和证券服务体系下，之前这些都是在交易金融的范畴内。（见下图）

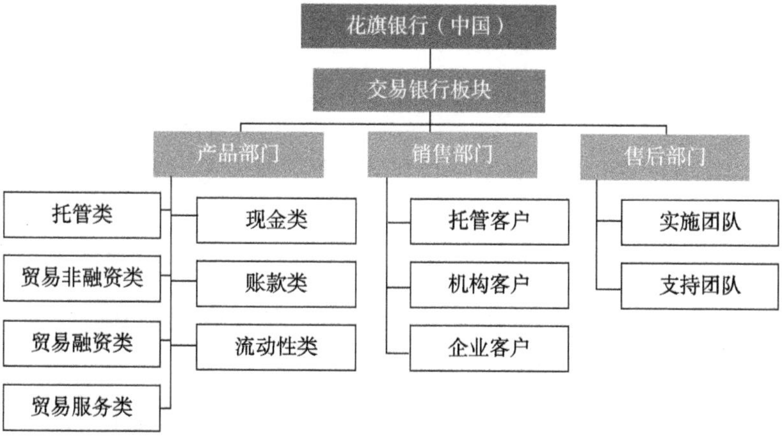

图 3-2　花旗银行在中国交易金融管理架构参考示意图

资料来源：根据花旗银行官方网站有关资料整理（www.citigroup.com）

花旗银行的交易金融管理模式实施全球统一的专业条线管理，同时，针对不同国家和地区客户需求和市场差异，进行了有针对性的完善和优化，其中，针对蓬勃发展的中国市场，花旗银行专门组建了中国本土特色的交易金融团队和相应的架构。

花旗是第一家把现金管理引入中国的外资银行，得益于花旗全球的平台和网络，花旗银行在中国外资银行交易金融领域保持了一定的先发优势。据中信建投有关研究报告统计，2016 年，花旗银行（中国）的交易金融平台已连接全球超过 200 个清算系统，每天的交易量超过 30 亿美元，币种多达 135 种，通过平台基础和本土化运作，在中国市场为企业客户提供量身定制的资金解决方案。

二、发展引擎：营业收入的 40%

从年报数据看，花旗银行交易金融所在的机构客户集群（ICG）一直是该银行集团资产、存款、收入的核心力量。从规模看，2016 年末，花旗银行机构客户集群（ICG）持有将近 1.3 万亿美元的资产和 610 亿美元的存款，并管理着超过 15 万美元的管理资产；2016 年全年累计实现了 339 亿美元的营业收入。（见下图）

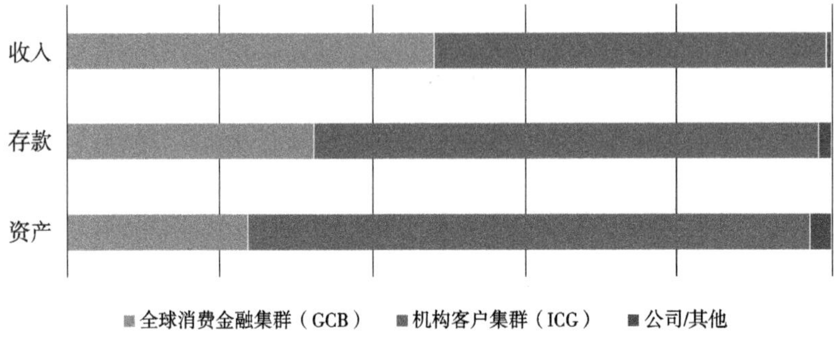

图 3-3　2016 年花旗银行三大客户集群板块规模结构示意图

资料来源：根据花旗银行官方网站有关资料整理（www.citigroup.com）

从对集团的贡献来看，机构客户集群（ICG）对整个集团的资产、存款、收入贡献度分别高达 73.39%、65.83%、51.27%，在三大客户集群中对全集团的贡献最大。（见下图）

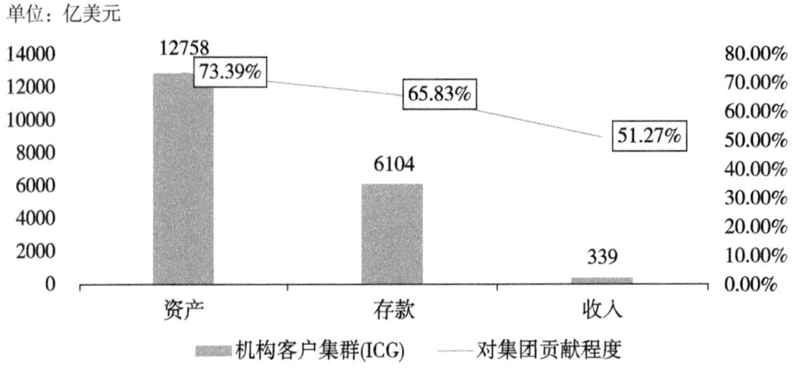

图 3-4　2016 年花旗银行机构客户集群（ICG）业务规模和贡献情况图

资料来源：根据花旗银行官方网站有关资料整理（www.citigroup.com）

从机构客户集群（ICG）收入结构看，2016 年整个客户集群实现的 339 亿美元营业收入中，市场和证券服务收入 173 亿美元，占据了 51% 的比例；交易金融的核心业务——资金和交易解决方案实现了 81 亿美元的收入，占比 24%，是仅次于市场和证券服务收入的。（见下图）

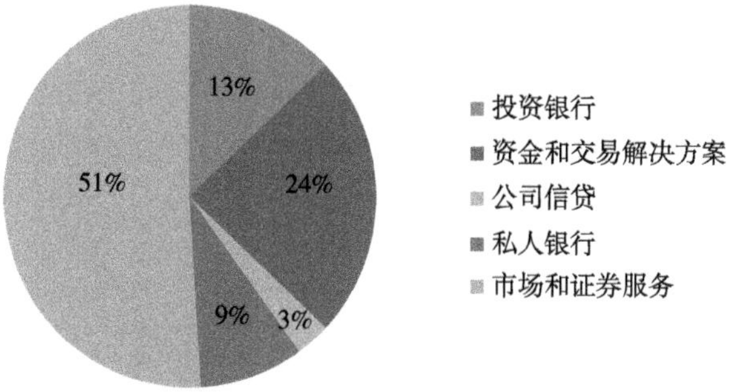

图 3-5　2016 年花旗银行机构客户集群（ICG）业务收入结构情况示意图

资料来源：根据花旗银行官方网站有关资料整理（www.citigroup.com）

实际上，2014 年以前，花旗银行市场和证券服务业务中的绝大部分都曾经属于资金和交易解决方案的范畴中；当时花旗银行出于交易风险控制的考虑把两部分进行切割，从这个意义上来估算，如按照最广义的交易金融口径花旗银行的交易金融收入有望达到 254 亿美元，占据整个花旗集团营业收入的 40% 左右，花旗交易金融板块堪称是整个集团收入贡献的“中流砥柱”。

同时，根据《巴塞尔协议》的规定，绝大多数的交易金融收入都是不承担信用风险，通常风险以第二性的或有风险为主，其单位营业收入的资本耗用系数几乎是普通信贷类产品的十分之一，对资本消耗的依赖很轻，从这个角度看，花旗银行 2016 年末资本充足率为 17.33%，处于相对较高的区间，资本实力充足。

此外，花旗银行的交易金融业务也保持了较好的增长趋势，数据显示：2016 年，花旗银行资金和交易解决方案实现的营业收入较上年同比增长 4.2%，在同期集团营业收入整体减少 2% 的形势下，起到了强有力的“引擎”拉动作用，凸显了交易金融在集团中的重要战略地位。

三、花期秘籍：“交易 + 本土化”双轮驱动

从花旗交易金融的经验看，主要具有以下的特色和启示：

1. 交易为中心

在花旗银行内部，交易金融看成是“对公业务之母”，包括公司信贷、全球市场交易、证券服务等都是通过交易金融进行拉动的。交易金融的牵头部门——资金和交易解决方案会对客户的交易行为进行评估，

以交易为核心，根据客户的特点，将客户推介到投资银行、公司信贷等对公产品线，从历史上，甚至市场和证券服务体系都是直接在交易金融的板块下运行和活动的。从整个花旗银行的机构对公客户集群的服务模式上，交易金融就像一个引擎，一方面自身完成交易金融的相关业务；另一方面，将潜力的业务增长点进行合理安排评估，拉动相关业务线的增长。

2. 本土化原则

作为一家久负盛名的全球性银行，花旗银行交易金融板块走出了一条“统一化 + 特色化”兼顾的发展道路。从花旗银行全球的交易金融架构 VS 中国花旗银行交易金融架构对比看，里面还是有一些适应中国市场本土化的区域特色，例如：中国银行业通常一级专业部门的划分，比美国按照大的营运板块划分的模式，相对更佳细化。

基于此，花旗银行（中国）的交易金融分散在环球企业银行部、国际企业金融业务部、金融机构业务部、公共部门银行业务部、财资与贸易金融部等 5 个部门，这样做的好处是一方面符合中国本土化银行经营和管理文化，本地员工更适应；另一方面，让交易金融真正深入人心，打造全行共同参与的组织氛围。

第三节　摩根大通：链条联动的交易金融网

摩根大通是美国最大的银行机构之一，也是世界领先的金融服务供应商，业务遍及全球 50 多个国家或地区，自 1921 年就开始在中国开办业务。在中国，摩根大通为客户提供广泛的金融服务，涵盖企业和投资银行、商业银行、资金服务、市场和投资者服务以及资产管理等领域。摩根大通在交易金融方面侧重企业生态集群的构建，即通过供应链来推动企业和银行的产业金融共赢。

一、链条驱动：美式“大交易”框架

作为传统的美国本土银行，摩根大通在管理架构上巨头鲜明的美

式特色，分为消费银行（Consumer Businesses）和批发银行（Wholesale Businesses）两大板块。从交易金融的业务来看，最基础的现金管理业务（Treasury Services）体现在公司金融业务的统一管理框架下，与投资银行（Investment Banking）、拆借业务（Lending）并列，共同作为银行类公司金融业务的重要组成。（见下图）

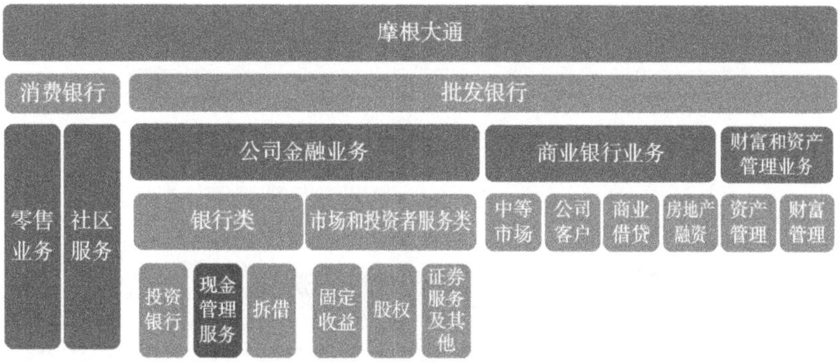

图 3–6　2016 年末美国摩根大通银行业务架构示意图

资料来源：根据摩根大通官方网站有关资料整理（www.jpmorganchase.com）

实际上，从摩根大通银行交易金融的管理实践来看，现金管理服务虽然是于投资银行并列的一个模块，但其业务内涵很丰富，相当于一个“大交易”的框架范畴。根据该银行的介绍，现金管理服务实际上包括了对于银行向客户提供现金管理、流动资金解决方案、商业卡和第三方监管、应付／应收、信息服务等等，是一个很广阔的范畴，其目的是通过摩根大通与企业客户在现金管理相关的服务，帮助解决企业在财资领域面临的营运资金及其效率问题，以及相关上下游的信用衔接问题。

在中国，摩根大通的交易金融业务可以看成是一个集第三方监管服务、资产托管服务、信息管理服务、流动资金管理、企业司库服务、企业投资服务、账款服务、现金管理等企业金融非信用类业务的“合体”。（见下图）

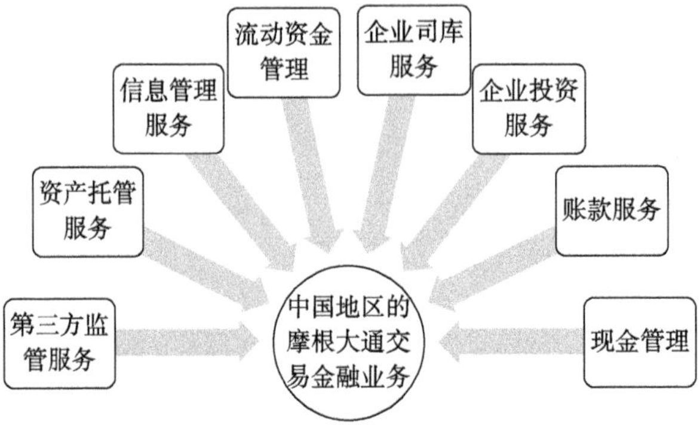

图 3-7 中国地区的摩根大通交易金融业务板块示意图

资料来源：根据摩根大通官方网站有关资料整理（www.jpmorganchase.com）

二、回报“奶牛”：营收保底 + 派生提成

数据显示：2016 年摩根大通全年实现营业收入 996.29 亿美元。其中，公司金融业务实现收入 352.16 亿美元，占比 35.35%，仅低于该银行的传统优势板块消费银行。（见下图）

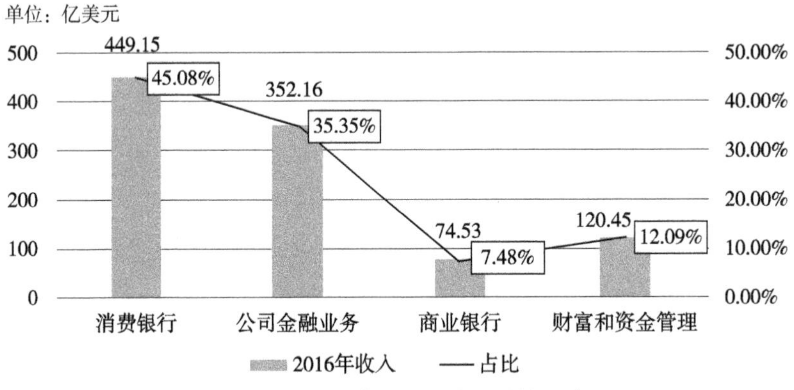

图 3-8 2016 年摩根大通收入结构示意图

资料来源：根据摩根大通官方网站有关资料整理（www.jpmorganchase.com）

在公司金融业务中，交易金融无疑扮演了重要角色。2016 年，摩根大通交易金融类业务实现营业收入 111 亿美元，占公司金融业务板块收入（352.16 亿美元）的 31%，占的比例最高，超过了利息收入（108.91 亿美元），这对于摩根大通这样的传统老牌银行而言，说明了交易金融在摩根大通业务板块中越来越重要。（见下图）

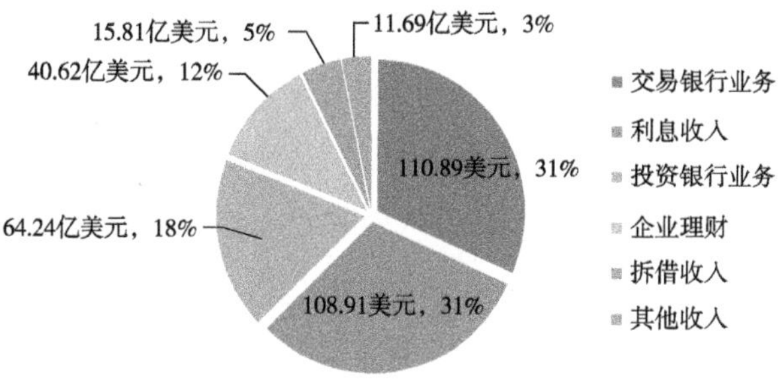

图 3-9　2016 年摩根大通交易金融业务情况示意图

资料来源：根据摩根大通官方网站有关资料整理（www.jpmorganchase.com）

要看到的是，上述交易金融业务收入只是摩根大厦最基础性的现金管理业务等带来的收益；至于由交易金融延伸到其他业务板块带来的回报还远远不止这些。从增长趋势看，2014–2016 年摩根大通交易金融业务收入增幅均在 4% 以上，超过了该银行营业收入的增长幅度。

三、摩根秘籍：链条精耕、双轮驱动

从业务特点来看，摩根大通交易金融业务的主要特色主要体现在两个方面：

1. 纵向：扎根行业精耕细作

与花旗银行多年来丰富的全球市场经验相比，摩根大通注重对于产业端的挖掘，对企业所处的行业生态研究得很深入。其中，最负盛名的是摩根大通的“供应链改善计划”，这一计划从企业所处的行业入手，通过在行业链条上进行精耕细作，通过对上下游整个产业链的分析，给企业客户提供“生态式”的交易金融服务，在美国摩根大通通过“供应链改善计划”，发展了很多大型的汽车生产厂家作为其交易金融客户，具体的做法是：（1）调研企业零配件的上下游，收集整理链条上所有零部件供应商的需求（包括收付款、现金管理、账款服务等基础需求，以及信用便利等深入需求），结合行业特点，整理为标准化的企业零部件交易金融解决方案。（2）将标准化的解决方案反馈给客户，让其享受在资金、财务方面的全流程的便利，在风险可控的情况下，提供适当的供应链融资。最终，摩根大通与整个汽车行业参与者深度融合，形成闭合共赢的生态圈。

2. 横向："消费 + 批发"双轮驱动

作为"北美第一零售银行"，摩根大通通过交易金融创新性地突破"对公客户"的局限，开展"消费 + 批发"双轮驱动的横向拓展。基于多年的消费金融经验，摩根大通交易金融的对公客户背后是优质消费金融客户的"金矿"和流量入口，主要体现在两个方面：

（1）交易金融对公客户辐射范围广，在公司产品服务和营销的过程中，对于其周边的消费金融需求也顺便进行了"二次营销"。以汽车制造生态链为例，摩根大通通过交易金融业务把汽车厂商员工、供应链厂家员工乃至更大范围的所有汽车相关的消费者都纳入进来，基于已经有合作基础的交易金融业务，这些个人客户通常更愿意接受"二次营销"。一方面有了信任基础；另一方面，通过公私联动的融合，对于普通消费者而言，也的确很方便。

（2）客户流量和信息入口。摩根大通很看重这部分通过交易金融"公私联动"方式获取的客户，一方面，获客成本较低；另一方面，客户的质量相对有保障，因此其雇主信息等重要自资信信息已经体现在交易金融的业务中。

第四节　德银经验："保姆全包"式的交易服务

德意志银行是德国最大的银行，也是全球最早提出交易金融概念的金融机构之一，在多年交易金融业务经营和实践中积累了丰富的经验；早在 1872 年，德意志银行就在中国上海开设了分行，经过多年发展，在中国内地交易金融领域已经打造了有一定影响力的德银品牌。

一、"全能选手"：内部的"一站式"服务框架

德意志银行是全球著名的"全能型"银行，即将各类业务统一在银行的治理架构下，并以"保姆式"服务享誉业界，其主要业务分为全球市场（Global Markets）、企业及投资银行部（Corporate & Investment Banking）、资产管理（Asset Management）、私人、财富和商业零售客户（Private,

Wealth & Commercial Clients）、邮政银行（Post Bank 子银行）6 大板块，由于这些功能和相关业务牌照都集中在银行集团板块下（而非散落在各个子公司），协调沟通成本较低，容易实现“一站式”对客户的服务。（见下图）

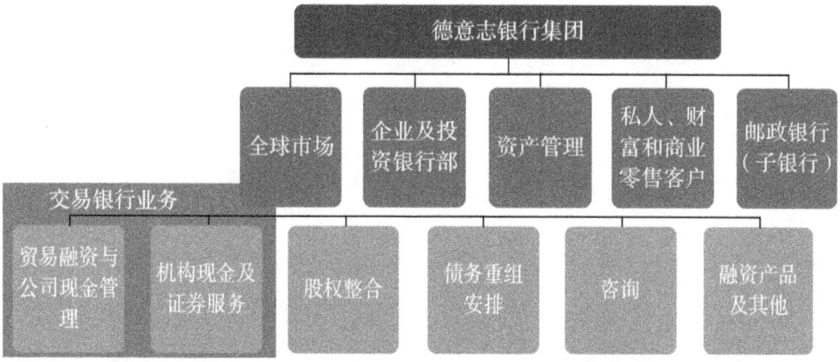

图 3-10 2016 年德意志银行交易金融业务架构示意图

资料来源：根据德意志银行官方网站有关资料整理（www.db.com）

其中，交易金融作为企业及投资银行部的重要业务板块分为贸易融资与公司现金管理（Trade Finance & Cash Management Corporates）和机构现金及证券服务（Institutional Cash & Securities Services）两条业务线，德意志银行以交易金融业务为切入，与股权、债务、咨询和融资类产品共同组成了企业及投资银行部的主要业务。（见下图）

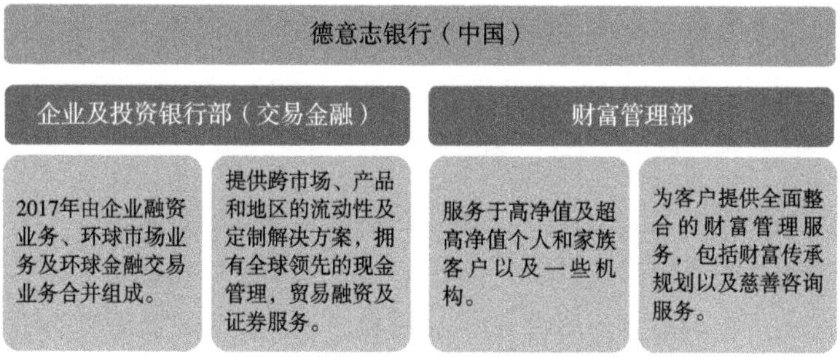

图 3-11 2016 年中国内地的德意志银行交易金融管理架构和产品示意图

资料来源：根据德意志银行官方网站有关资料整理（www.db.com）

实际上，德意志银行还有一个重要的业务板块——德国邮政银行（Post Bank），这家银行是德意志银行集团旗下的大型子银行。在德国邮政银行的内部也有交易金融的业务和产品但由于考虑 2017 年以来，德意志银行一直在考虑通过出售这家银行来弥补之前遭受美国政府巨额罚款可能造成的“亏空”，因此，该行在管理上通常是把德国邮政银行单列。

在中国内地市场，德意志银行尚未开展对公融资业务，因此，交易金融几乎成了中国内地公司业务的全部收入贡献。为更好开展交易金融业务，德意志银行在中国内地设立的子银行——德意志银行（中国），专门为交易金融业务的发展而设立了相应的组织架构和业务单元。

二、交易金融：增长“发动机”3 年内提高 5%

数据显示：2016 年德意志银行全年实现营业收入 308.76 亿欧元。作为全球最主要的交易金融银行之一，德意志银行两个交易金融相关板块都占据了较大的收入份额。其中，交易金融业务所在的企业及投资银行业务收入占比稳定在四分之一。（见下图）

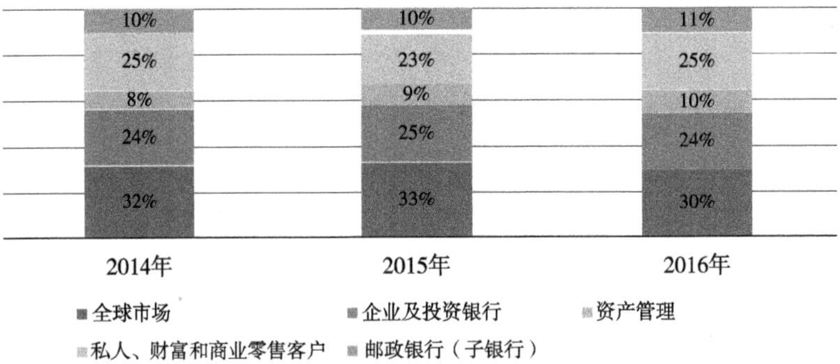

图 3–12　2014–2016 年德意志银行营业收入结构示意图

资料来源：根据德意志银行官方网站有关资料整理（www.db.com）

进一步从企业及投资银行业务的结构和趋势看：2016 年德意志银行这类业务创造的 74.83 亿欧元收入中高达 60% 是直接由交易金融业务贡献的（44.73 亿欧元），比 2014 年（55%）提高了 5%，在欧美大型银行业务比较稳定的情况下这点尤为难得。具体来看，德意志银行交易金融业务中贸易融资与公司现金管理业务收入 26.27 亿欧元，高于机构现金及证券服务（18.47 亿欧元），这反映出德意志银行在全球客户交易金融服务方面的突出优势，这样的比例在国际大银行中也是比较高的，值得中资银行在转型过程中进行研究借鉴。（见下表）

表 3-1 2014-2016 年德意志银行交易金融业务规模和机构情况表（单位：亿欧元）

交易金融类型	2014 年	占比	2015 年	占比	2016 年	占比
贸易融资与公司现金管理	26.11	34%	28.03	35%	26.27	35%
机构现金及证券服务	16.05	21%	18.67	23%	18.47	25%
股权整合	7.61	10%	6.58	8%	4.05	5%
债务重组安排	15.74	21%	14.70	18%	13.88	19%
咨询	5.79	8%	5.87	7%	5.00	7%
融资产品及其他	5.38	7%	6.63	8%	7.17	10%
合计	76.67	100%	80.47	100%	74.83	100%
其中：交易金融	42.16	55%	46.69	58%	44.73	60%

资料来源：根据德意志银行官方网站有关资料整理（www.db.com）

三、德银秘籍："老司机"的服务

作为全球交易金融领域的"老司机"，德意志银行在多年的实践发展中，也形成了自身的特色，主要体现在两个方面：

1. 突出全功能和"一站式"解决方案

德意志银行最突出的特点就是"全能"，通常银行人员会聚焦几个重点行业，选择行业内的若干重点企业，深入研究行业的链条特点、经营模式和特性，优化再造流程，制定定制化行业综合服务方案，协助企业提升运营效率，实现经营成功。针对企业在资金、业务、生产、运营，甚至国别风险、人力资源等方面的需求，德意志银行"全能选手"的本领体现得淋漓尽致，这家银行可以迅速协同全球各个国家和地区的资源，以及对于行业和产品的研究沉淀给企业设计"贴身式""一站式"的整套解决方案。

值得注意的是，与市场其他交易金融解决方案相比，德意志银行的交易金融方案相对而言通常具有两个突出的特点：（1）更具全面性，体现的不仅是银行服务和产品，更是突破和超越银行的范围，从更高、更广阔的层面去谈对企业的服务和经营发展，容易得到企业客户的欢迎；（2）更切合实际，源自于德意志银行务实的实践风格，体现了"德系"的品牌积淀。

2. 注重创新孵化

德意志银行的交易金融业务多年来长盛不衰的秘诀之一就是创新。在交易金融业务中，德意志银行打造了强大的国际化电子平台，并且通过搭建竖式管理线条，突破了以地域划分板块的业务发展束缚，同时，德意志银行也十分注重产品机制和模式的持续创新孵化。

例如：德意志银行基于行业链条的交易金融产品不管是在品种、服务、内容等方面，已经在业界具备一定优势，但仍在不断进行探索，这家银行的业务人员发现，如果核心企业客户存在一笔应付账款，银行会马上识别，并基于其电子平台尽快识别，并快速算出一个授信额度给其上游的供应商，这类的融资对银行来说更低风险，对客户来说，融资成本也较低，同时，通过这些孵化创新，逐步地上下游企业能在统一、标准、快速的平台上管理应收及应付账款，包括增值税发票等，在效率和效果上提升客户体验。

第五节　中银香港：中资特色“工具箱”

中国银行（香港）有限公司（简称中银香港）是中国银行在香港地区的子公司，也是香港主要的上市银行和当地的三家港币发钞行（另外两家是汇丰银行、渣打银行）。据统计，截至2016年末，中银香港总资产达2.3万亿港币，是中资银行在海外最大的子银行，堪称中国银行业的“海外旗舰”。

中银香港的业务不仅在香港占据重要位置，而且通过近年来陆续收购中国银行集团在东南亚地区的机构成功实现了在东盟的布局，成长为东南亚地区的主流国际区域银行。

近年来，中银香港等中资的海外机构也开始了交易金融的专业化探索，取得了一些成功的经验，针对粤港澳和东南亚地区活跃的企业经济活动，中银香港凭借其独特的地理位置和中西合璧的优势，在交易金融方面开展了一系列的探索，并收获了一定的成果。

一、科技引领：互联网时代中资银行中的“弯道超车”

2016 年，中银香港以现金产品和贸易融资两条产品线为基础，借鉴了国际银行对于交易金融架构的实践经验，在总部成立交易金融部，作为一级部门对交易金融相关业务、产品、客户、服务进行全面整合，开始探索发展中银香港特色区域性交易金融业务模式，为中资银行在海外的经营模式创新转型走出一条新路。从板块上来看，中银香港的交易金融部属于企业银行板块，但在行内是与其他产品和管理部门并行。（见下图）

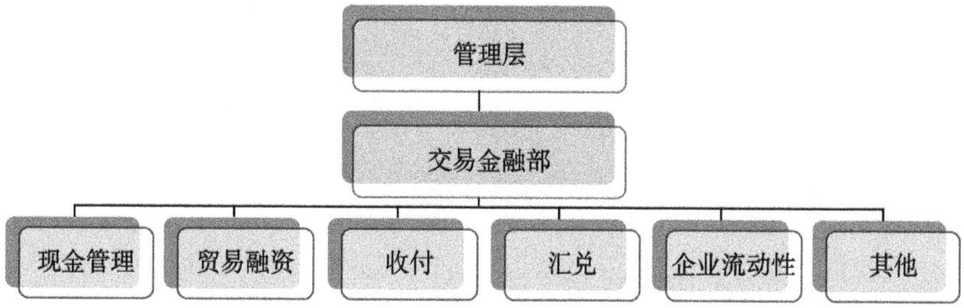

图 3-13　中银香港交易金融架构示意图

资料来源：根据中银香港官方网站有关资料整理（www.bochk.com）

与传统的国际银行相比，中银香港在交易金融组织架构方面，也具有一些差异，主要在两个方面：（1）该行交易金融的架构与其总行（中国银行）还有一定差距。（2）具有中资银行传统的“分级管理、平行部门”的特征，与中银香港公司、零售等其他的业务部门平行，在部门架构改革初期，这种方式有利于管理架构的持续性和稳定性。

专题与讨论 5：2017 年中银香港荣获 3 项交易金融大奖

2017 年 8 月 15 日，中银香港发布新闻稿，宣布该行荣获《亚洲银行家》颁发“香港区最佳贸易融资银行成就大奖”与“泰国最佳企业贸易融资交易奖”，并连续四年获《亚洲银行及财金》评选的“香港最佳本地现金管理银行”，这三项大奖均由专业金融媒体根据参选机构的市场表现、专业实力、业务创新和多元化发展等综合表现严格评选出来，足以印证中银香港在交易金融方面的杰出表现。

中银香港交易金融部总经理滕琳惠女士表示：我们很高兴荣获这三项殊荣，标志着中银香港在交易金融产品开拓和服务优势方面均获得市场认同。本行秉承“以客户为中心”的服务理念，致力推出创新产品，为企业客户提供全方位交易金融服务。中银香港凭借在人民币及跨境业务的独特优势，配合区域性银行发展的策略，持续整合多功能的服务链和平台，以支持客户在东南亚扩展业务，继续成为企业的最佳合作伙伴。

中银香港首次在东南亚地区提供的中长期应收账融资方案－华为集团泰国业务电信设备应收账项下结构性保理方案获得了泰国最佳企业贸易融资交易奖。中银香港根据客户需求，对该方案在融资结构、业务模式、配套流程、风险监控及当地账户设置等方面量身定制、进行创新，充分体现了本行在服务东南亚区域客户方面的专业能力，提升了本行在东南亚的品牌知名度和影响力。

资料来源：根据中银香港官方网站有关资料整理（www.bochk.com）

二、后来居上：交易金融成长为公司业务的“生力军”

数据显示：中银香港 2016 年实现总收入 294.52 亿港元，其中，交易金融所在的企业银行部分实现收入 126.14 亿港元，对总收入的贡献度达 42.8%。（见下图）

	2016年（百万港币）	占比（%）	2015年	占比(%)	变化(%)
持续经营业务	7538	25.6	9070	31.7	（16.9）
个人银行	12614	42.8	10752	37.6	17.3
企业银行	8552	29.0	7846	27.5	9.0
财资业务	1230	4.2	932	3.3	32.0
保险业务	(482)	(1.6)	(25)	(0.1)	不适用
其他					
除税前溢利总额	29452	100.0	28575	100.0	3.1

图 3–14　2015–2016 年中银香港收入结构情况表

资料来源：根据中银香港官方网站有关资料整理（www.bochk.com）

基于中银香港的年报及部分公开资料进行估算，2016 年中银香港交易金融业务收入保守估计超过 20 亿港元，在整个企业银行收入中占比约

20%，与其他企业银行收入（非交易金融收入，主要以企业利息收入为主）的比例约为 1∶4。（见下图）

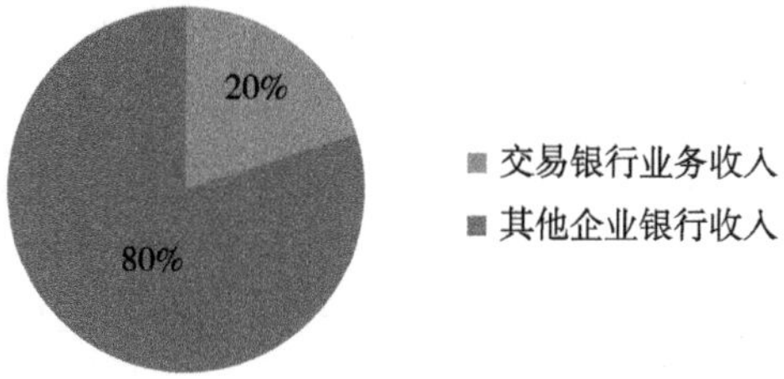

图 3-15 2016 年中银香港交易金融业务规模和占比情况示意图

资料来源：根据中银香港官方网站及公开资料整理估算（www.bochk.com）

三、中银秘籍：工具制胜、系统领先

1. 打造“对公工具箱”

中银香港在构建交易金融的过程中为了实现理念和内在的契合而不是概念和业务上的切割，创新性地提出了“交易金融——对公客户的全套金融工具箱”的理念，“箱”中汇集了收付款结算、流动性及现金管理、贸易融资、账户透支、商务卡、其他短期授信等各类对公资产、负债和中间业务产品以及这些产品的灵活组合，可与企业的财务报表资产负债对应起来，服务于客户的各类日常财务管理需求；同时，针对客户的需求，中银香港不断对“工具箱”进行升级，主要的功能升级包括：

（1）深挖每一金融工具的功能，加强对贸易金融、现金管理等传统产品的创新延展，结合贸易形式变化、特定行业习惯等丰富各产品适用的范围和场景。（2）加强工具间的融合搭配，在现金管理的平台和账户的基础上陆续嫁接贸易金融等其他条线的产品，从线上“1+N”供应链金融方案起步，逐步形成日趋完备的系统性交易金融实施方案。

2. 更具系统性优势

中银香港依托领先市场的现金管理产品及渠道体系基础，有机融合现金管理、贸易金融、流动性管理等业务元素，启动构建区域交易金融统一交互平台，即“iGTB 环球交易金融平台”，这是全球交易金融领域为数不多的创新尝试，有助于依托系统化优势，进一步提升交易金融业务发展的动力。据报道，中银香港的交易金融系统具有全面交付、黏性培养、灵活组合、大数据管理以及交叉销售等主要特点，主要包括：

（1）实现产品向客户的统一展示、交付和收费。（2）融入客户日常财务管理的全流程，以众多标准化模块插件的灵活组合来实现客户方案的定制化。（3）收集关于客户资金流转的大量信息，运用对这些数据的分析结果自动识别客户流动性管理的需求和推送最有效服务方案，带动各类资本信贷、财资及大资管产品的交叉销售。（4）充分考虑与东南亚机构乃至中银集团整体系统的兼容性，为集团系统搭建和整合提供参考。

第四篇　国情篇：
不忘初心　方得始终

——交易金融顺应供给侧结构性改革的发展方向

在国内，交易金融还刚起步，但随着政策引导、银行改革、业务创新的不断深入，在供给侧结构性改革的驱动，国内银行业已开展了很多新的探索和实践。

借鉴国际交易金融的实践经验，在中国内地利率市场化、人民币国际化、跨境交易以及中资企业的全球化进程加速的背景下，交易金融因其低风险、轻资本、收入稳定、客户忠诚度高等优点日益受到业界关注，部分中资银行已经迈出了“中国版”交易金融的探索步伐，开始以客户需求为导向，整合现有产品，朝着“一站式”的交易金融服务转型。

据 2014 至 2016 年连续三年的《中国银行家调查报告》显示：供应链融资、国际结算及贸易融资、现金管理等交易金融业务均被国内银行家认为是银行业务的发展重点。2017 年 2 月份中国银行业协会发布的《中国银行家调查报告（2016）》显示，超过六成的银行家对发展交易金融业务持积极态度，认为应大力发展、稳步推进交易金融，这表明中资银行的交易金融前景广阔兴起。

第一节　展望中国 2025：交易金融那片蓝海

由于经济发展阶段不同，交易金融在中国仍处在萌芽和起步阶段，尚属于新兴事物，与国际上近 40 年来交易金融的快速发展相比，国内的交易金融服务刚处于起步摸索阶段，交易金融的内涵及业务外延尚未形成清晰的边界，各家银行对交易金融业务运营模式的理解也各不相同。交易金融在中国的发展正在探索一条有别于国际模式的特色发展路径。

一、周期兴迭：金融业“本源回潮、回归种田”

在理论界，对于银行对公业务有着很形象的比喻，包括两种说法——“打猎”与“种田”：（1）“打猎”主要指的是投资银行类业务，说明其收益不稳定，具有“三年不开张、开张吃三年”的鲜明特征；（2）“种田”主要指的是交易金融相关业务，这类业务与投资银行等“打猎”业务相比，所做之事频次高、收益低，但收入稳定，具有较高的抗风险性，所涉及业务包括资金归集、跨境划转、票据托管等类似春耕秋收的农夫之活，因此交易金融业务也被喻为“种田”业务。

2008年世界金融危机对现代金融服务业尤其是商业银行产生了深远的影响，后危机时代全球银行都在不同程度上完善了宏观审慎监管，加强了系统性风险的预警和防范，引导金融机构回归本源，服务实体经济。在这样的背景下，“种田”业务的标杆——交易金融焕发了新的活力，势头大好。

西方银行家和学者概括了后金融危机时代银行业务发展的要点，即统筹兼具收益性、周期性、持续性，以及流动性安全，从“打猎”与“种田”的对比来分析交易金融在这些方面的主要特点，以进一步把握后金融危机时代银行业务发展的历史背景。（见下表）

表4–1　后金融危机时代理论界对于银行“打猎”VS“种田”两类业务综述情况表

类型	范围	收益性	周期性	持续性	流动性风险
“打猎”	投资银行：并购、承销、咨询顾问等等	高	顺周期性	弱	高
“种田”	交易金融：现金管理、供应链、贸易融资、支付服务、财资业务等等	中、低、等	弱周期性	强	中等

交易金融在危机时期体现出的弱周期性和稳定性，彰显了建立在共赢基础上的银企合作对商业银行业绩的保护，因而在“后危机”时期在全球各国尤其是发达国家监管层、业界和学界所重视并加以研究，在传统银行业职能整合和架构完善的基础上与前沿科技应用紧密结合，使其朝着现代交易金融的良性发展不断演进。

实际上从历史背景看，虽然交易金融早在20世纪70年代就已经兴起，并一度两次“石油危机”期间大显身手，直接推动了美林等一批依靠现金管理业务崛起的金融机构，但相对而言，后来随着全球经济资本化的扩张，基于收益等因素的考虑，银行还是更钟情于“打猎”而忽视了“种田”的默默付出。

直到 2008 年、2010 年两次全球性的金融海啸，银行家开始重视流动性，令交易金融业务在顷刻间重新崛起。对于银行而言，流动性具有“一票否决”的效应，这在金融危机中被多次验证。例如：金融危机前英国北岩银行是一家具有 158 年历史的英国五大抵押贷款银行之一，具有稳定的市场地位和份额。但这家银行就是“打猎”的爱好者，不注重交易金融等“种田”业务对于流动性的稳定作用。随着 2008 年次贷危机的蔓延，北岩银行获得资金的难度不断增加，融资渠道几乎同时被阻断，直接造成了大规模的挤兑事件。由于缺少流动性的支持，加上北岩银行准备措施不足，终究难逃惨遭收购的命运。可见，“打猎”虽常常有意外的惊喜，但惊险同样与之相伴，稍不注意便会折于猎物的反攻。

对中国而言，做大做强实体经济，夯实根基并提升经济质量，是稳增长、调结构、促发展的不二选择。从这个角度来说，通过大力发展交易金融业务，不断降低实体经济融资的门槛与成本，让金融活水更好浇灌实体经济，不仅是做大做强经济“蛋糕”的根本选择，也是防范化解金融风险的必由路径，从这个角度看，交易金融作为金融回归本源的“管道”的理论意义凸显。

二、改革轨迹：40 年改革开放的经验选择

基于理论背景和新常态下的经济形势，唯有不断改革创新才是发展的动力来源，因此，通过发展中国交易金融业务推进新形势下银行管理和服务理念的革新，从改革全局来看也是全面深入金融体制改革的重要组成部分。

从理念变革来看，交易金融经营理念最大的变化是商业银行从分享剩余价值的债权人角色扩展到广泛参与企业产、供、销等经营行为（流动资本管理），协助企业客户实现长期稳定增长的战略伙伴关系，这种战略伙伴集中体现在帮助企业客户平衡流动资本、债权和股权资本的关系，维持稳定的企业财务战略，通过提高内生增长能力支持企业客户实现长期增长。

交易金融看待客户关系的角度从传统产品供给为特征的纯交易关系转变为以服务供给为特征的双赢合作关系；交易金融不是为企业提供简单的结算和融资服务，而是契合企业的战略发展和经营需要，为企业日常运行

的每一个环节融入金融服务，提高生产效率。因而，在银行内部进行的职能调整、机构改革等变化都是基于对现代企业需求和银企合作模式的变化趋势的反应，体现的是“以客户为中心”理念在商业银行经营中的落实。因此，在交易金融部门及机构成立的良好基础上如何朝着“以客户为中心”的理念转型，围绕客户需求建立明晰的客户战略，推进职能整合，完善制度流程，将是近几年交易金融能否在国内“开花结果”的关键。

参考外资银行在20世纪90年代初期的变化，银行不再单纯按照产品设立部门，而是按照客户属性（“零售－批发”或“个人－公司”）划分业务模块，交易金融被定位为批发或公司业务线的核心模块，以提供综合性金融服务作为维系公司/机构客户长期合作关系的主要手段，并在此基础上将传统的贸易融资、结算工具、现金管理、外汇业务、资金托管、电子银行渠道等金融服务进行整合。

中资银行目前仍然需要在总部层面树立明确的服务理念和发展目标，从客户维度将交易金融作为批发业务领域全局性的转型发展战略之一，从未来发展蓝图的顶层架构设计上确立交易金融业务发展规划：在确立战略的前提下，参考国际同业做法，结合国内客户财务及产供销管理的实践，确定交易金融业务范畴，不断加大业务整合，实现“一揽子”服务体验；针对交易金融业务客户分布广泛、金融需求复杂、产品种类繁多、服务层次多元等特点，构建能够发挥内部协同效应，促进资源整合的考核体系，将服务收益在内部进行合理分配，从而保障各参与者的积极性，确保交易金融服务的标准化、统一化。

中资银行发展交易金融业务最终的目的是将精力聚焦在企业日常生产经营和发展战略，集中银行服务优势，避免重复营销，为客户提供一点接入、“一站式”的金融服务体验，实现银企战略伙伴关系的建立，在合作基础上实现共赢。

三、时代变迁：互联网@你……

历史上三次科技革命都改变了当时的社会历史和人类的生产关系，作为第四次科技革命的推动力量，互联网时代的迅速兴起和深度渗透，也推动银行发生调整和改变；科技通过互联网改变银行，银行通过交易金融改变互联网是当前交易金融所处的时代背景的真实写照。

互联网时代，银行的客户从单点向供应链转型，产业深度融合，模式快速创新迭代；传统的行业和企业，纷纷转型为供应链的网络化、系统化融合；交易金融也是银行适应这种变化的顺势而为。得益于互联网时代信息、物流科技的飞速发展，供应链模式逐步取代原有的纵向一体化，成为国际上产业组织的主流模式。在这种模式中，大企业专注于品牌、客户关系管理及创新性技术等核心能力的创造和提升，而将生产、流通、销售中低附加值环节外包给中小企业，由此形成了以稳定交易和利益共享为特征的产业链体系；中小企业往往利用自己的专项优势加入到产业链分工体系中，成为供应链节点布局中的重要一环。企业将纵向一体化控制为导向的企业组织分解为独立的业务部门或公司子单元，以有效地整合外部资源，弥补内部资源的不足，优化资源结构，集中精力打造核心业务，迅速增强核心竞争力。

以美国波音公司为例，20 世纪 80 年代以前，波音飞机曾经是高度纵向一体化的公司，供应商只限于提供原材料，而主要生产都集中于公司内部，随着全球化的发展，波音逐步将生产进行外包，形成标杆式的全球供应链模式，其波音 787 项目涉及的 1 万多个零件由 70 多个国家生产，最后在美国西雅图组装完成。随着全球化的供应链生产模式产生了频繁、大量的交易行为，在此过程中需要外部金融机构的支持，降低交易成本，这一需求直接推动银企合作模式从纵向一体化时期以融资及投行为主的合作转向了供应链时期的交易金融合作，交易金融正是在整合传统贸易产品的基础上，基于企业复杂、频繁的交易活动提供的综合化的金融服务。

在国内，贸易融资作为传统流动资金贷款改造和产品升级的业务品种经历了一轮急剧增长又快速萎缩变化的过程，这其中有经济周期的因素，有社会整体信用环境的因素，但更重要的原因是因为贸易融资在快速发展的过程中脱离了贸易实质，与实际的交易环节脱节，重复质押和虚假贸易导致不良负债率攀升；交易金融直接与企业的产、供、销交易行为交互，相对更能真实有效地把握贸易实质，因而能有效提高贸易融资的风险管理水平。

事实上，多数外资银行都将贸易融资作为交易金融业务品种之一，与收付款、信息服务等现金管理业务紧密结合，在有效控制风险的基础上实现了可观的收益，因此，国内交易金融职能整合的重要趋势是将贸易融资有机嵌入到交易金融体系中，改变原有的单一信贷产品管理模式，为现有贸易融资业务转型升级寻找出路；在此基础上，不仅为单体企业的发展提供支持，而且为企业的购销上下游提供服务，通过不断向上下游延伸，为整体供应链提供闭环服务。

四、业务渴望：封茧到蝴蝶的追求

传统的中国银行业务组织形式仍然有着脱胎于计划经济时代机关层级的一些“烙印”，基于此，现阶段中资银行对公业务仍然以“美好的三张表”——《资产负债表》《利润表》《现金流量表》作为开展的基础，通过对企业基础财务信息的静态横截面分析，了解客户需求，并“照方抓药”，向其推介产品和服务。

随着银行市场竞争日趋激烈以及中国企业客户的快速成长和素质提升，对交易金融产品和服务的需求与日俱增，银行在关注企业财务或司库部门的资金管理需求基础上，通过收付款业务开始间接服务企业的采购、销售等经营部门。交易金融关注企业的生产经营行为以及这些行为背后反映在三大财务报表体系中的流动资本、利润转化和现金流量管理，覆盖面更广，因而不只是直接服务企业的财务部门，还直接下沉到企业的销售部门、采购部门和生产部门。

在交易金融初期服务中，对购销部门的支持体现在购销信息的处理与对账、收付款手段的丰富以及融资便利性上，这些方式在一定程度上促进了企业购销管理的水平，提高了生产效率，然而，存在的问题是企业的购销交易及信息发生在企业端，商业银行只能通过与企业的 ERP 直连等间接方式取得这些信息，在数据真实性和实效性方面都有待优化。随着电子商务的发展，企业的购销交易逐步从线下转到线上，信息的获得和存储方式都更加直接和真实，这为交易金融向企业供销管理服务延伸提供了重要的机遇。事实上，线上交易服务是近年来中外资交易金融都在关注和研究的重要领域。

从最早的信用卡商城或积分商城到如今构建独立综合的电商平台，国内商业银行发展线上交易服务由来已久。2012 年以来，工商银行“融 e 购”、农业银行“易商管家”、建设银行“善融商务”、交通银行“交博会”等大型银行电商平台上线，民生银行、华夏银行、兴业银行等全国性股份制银行也相继推出电商平台。尽管与传统电商相比，银行电商在品种、易用性等方面存在差距，但是银行电商承接了商业银行的信用品牌优势，为企业的销售和采购增加了新的线上渠道，通过平台有效整合企业的资金流、物流和信息流，将商业银行优势的支付、融资等金融服务嵌入，由于企业的线上交易行为都发生在银行的购物平台上，交易的真实性和信息的及时有效性都得到保障，银行因而可以围绕企业交易行为、管理行为、商品物流等多个方面不断去延伸交易服务，为交易的每一个环节配套金融服务，支持企业提升线上交易的电子化水平，提高利润率和资产周转率。

第二节　大象起舞：大银行交易金融异彩纷呈

以国有大型商业银行为代表的中国银行业的核心力量，也在开始试水“交易金融”，做了很多积极的尝试。以工商银行为代表的国内大型银行凭借其国际化程度、规模体量优势、庞大对公客户基数在交易金融业务领域市场份额最大，集约化效应也相对较为明显。沿用前面提到的交易金融的“种田业”属性，可以用大象奏响交易金融“新农夫”之歌来描述中国大型银行在交易金融业务方面取得的成果。

总体而言，与中小银行相比，大型银行交易金融业务的发展体现了两方面的突出特点：（1）全球化视角。“五大行”（中国工商银行、中国农业银行、中国银行、中国建设银行、交通银行）在全球大多数主要经济体都有布局，随着“走出去”“一带一路”“粤港澳大湾区”等战略或倡议的逐步深入贯彻，这些银行部无例外地都开始站在全球化、集团化、国际化的视角来看待交易金融业务发展的问题。（2）注重顶层设计。这与大型银行的规模和体量息息相关，“五大行”不管是从业务量、员工、盈利等多方面都在全球位居前列，对于如此大的体量进行转型或改革，是需要站在总行集团的视角，通过顶层设计来层层落实推进。

具体而言，“五大行”在交易金融方面的实践和探索情况如下：

案例1 工商银行：推进向交易金融的变革和转型

工商银行积极探索对公领域与互联网金融结合新方式，积极推动产品和服务创新，借助工商企业通、小微金融服务平台、工银e缴费和大额资金监控等平台扩大客户规模、提升服务质量。

同时，工商银行业积极推进向交易金融转型探索，推动现金管理综合金融解决方案营销，结合跨国企业跨境人民币、外汇资金集中运营政策和金融改革试验区政策，为客户提供涵盖账户信息、收付款、流动性管理、投融资和风险管理六大产品线的综合金融解决方案。（见下图）

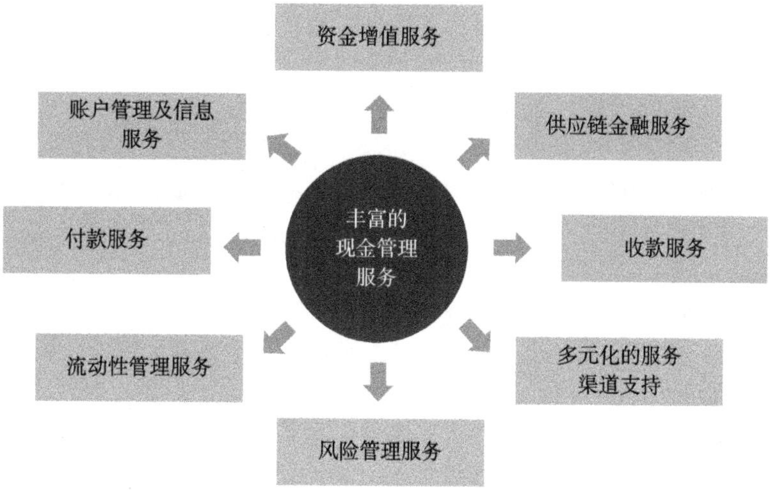

图4–1 中国工商银行交易金融核心业务示意图

资料来源：中国工商银行2017年中期财务简介（www.icbc.com.cn）

同时，作为全球大型综合化银行，工商银行可以为全球客户提供“商行+投行+保险”的系统化、综合性金融服务，这些业务与交易金融进行深度融合，提升客户和银行双方的综合回报。

据统计，截至2017年6月末，工行对公结算账户728.1万户，比2016年末增长4.6%；实现结算业务量1236万亿元，同比增长6.8%；业务规模保持同业领先；现金管理客户139.4万户。（见下图）

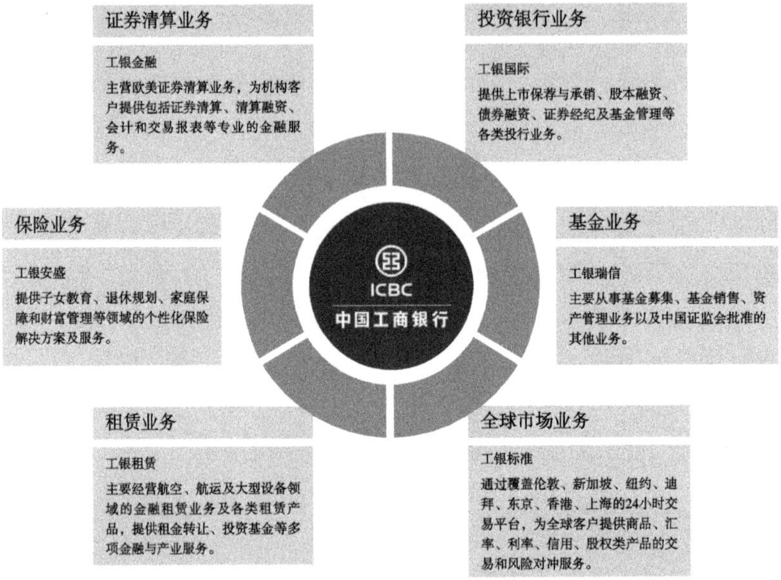

图 4-2　中国工商银行“商行 + 投行 + 保险”等六大综合化板块金融服务示意图

资料来源：中国工商银行 2017 年中期财务简介（www.icbc.com.cn）

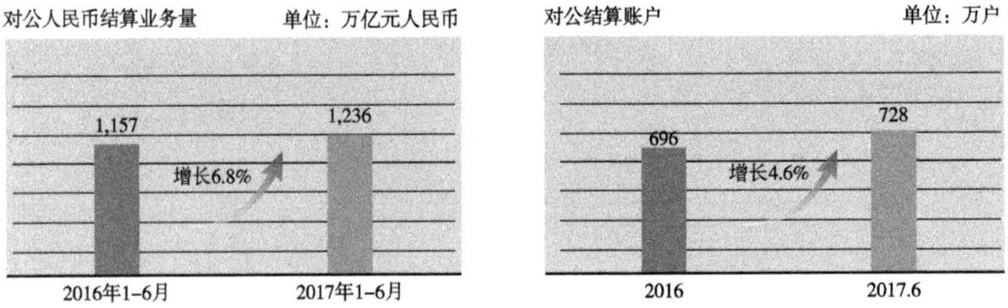

图 4-3　中国工商银行交易金融客户基础示意图

资料来源：中国工商银行 2017 年中期财务简介（www.icbc.com.cn）

充实的客户基础是工商银行交易金融业务发展的核心动力来源，据统计，截至 2017 年 6 月末，工行全球现金管理服务领域拓展至全球 70 余个国家和地区，全球现金管理客户 6023 户，增长 4.5%，继续领先于国内其他银行。

在国际结算与贸易融资方面，工商银行进一步加强境内外机构联动合作，加大跨境投融资核心产品创新力度，通过加大对出口业务和出口客户的拓展力度，业务结构不断优化；通过加快网银单证结算和网银跨境汇款等互联网创新项目的开发推广，业务转型持续升级。据统计，截至

2017 年上半年，工行境内国际贸易融资累计发放 337 亿美元；国际结算量 13913.65 亿美元，同比增长 16.1%，其中境外机构办理 5604.24 亿美元，增长 41.6%。

作为多年来主要指标排名全球首位的“宇宙第一大银行”，中国工商银行早在 2012 年就荣获权威媒体《亚洲银行家》评选的“亚洲最佳交易金融”“亚太区最佳合作银行”“中国最佳现金管理银行”和“中国最佳合作银行”四项大奖，反映出国际专业机构及业界人士对该行全球现金管理业务发展的持续肯定和积极评价，并在全球现金管理、支付结算和贸易融资等领域取得的突出成绩，已受全球客户的广泛认可。

案例 2　农业银行：账户切入，提升全球一体化金融服务能力

1. 架构改组，成立交易金融板块

农业银行总行在公司业务部门内部设置交易金融板块，初步搭建交易金融业务组织架构，主要负责：制定全行交易金融业务体系规划和年度计划，建设交易金融业务制度体系；开展对公账户结算产品、现金管理产品（含全球现金管理业务）和供应链金融产品（含贸易融资业务）的研发、营销和推广等等。

2. 以账户为切入点，带动对公业务整体转型

农业银行持续提高对公结算账户服务水平，积极营销新设企业，不断创新结算产品功能，拓展结算业务渠道。据统计，截至 2017 年 6 月末，农业银行对公人民币结算账户达 491.38 万户，较 2016 年末增加 20.08 万户，增长 4.26%。农业银行持续提升现金管理服务实体经济的能力，不断拓展资金保付、易捷收付、资金监管、票据池 + 池融资、全球现金管理等产品的应用范围。积极创新产品与服务，努力提升客户体验，逐步构建境内外高效互联互通体系，为客户提供全球化、全方位、高智能、本外币一体化财资管理服务，不断提升“行云”现金管理品牌影响力。农业银行针对对公产品条线提出了“流量经营”的交易金融思维，进一步完善交易金融产品体系，包括大力发展供应链金融业务，进一步创新结算产品，提高在线服务能力等等。据统计截至 2017 年 6 月末，农业银行现金管理活跃

客户数达 168.76 万户，较 2016 年末增长 5.9%。

3. 全球联动，提升全球一体化金融服务能力

农业银行积极服务国家“一带一路”、企业“走出去”以及人民币国际化战略，持续优化跨境金融综合服务体系，推进产品创新和经营转型，国际结算、贸易融资业务稳健发展。大力推动跨境人民币业务发展，推进自由贸易试验区业务创新发展。据统计 2017 年上半年，农业银行境内分行国际贸易融资（含国内证项下融资）发生额 489.13 亿美元，完成国际结算量 4315.96 亿美元，对外担保量 108.52 亿美元，跨境人民币结算量 3746.61 亿元。

案例 3　中国银行：发挥全球网络优势，推进一体化

1. 把握全球化的“龙头”优势

中国银行充分发挥全球一体化经营优势，持续提升全球现金管理服务能力，形成集“全球现金管理平台、SWIFT 直连、银银直连、多银行现金管理”四个子系统为核心的生态产品体系，既为跨国企业集团提供离在岸、一体化的全球现金管理服务，又为本地客户提供标准化、一站式的综合金融解决方案，持续提升客户体验。（见下图）

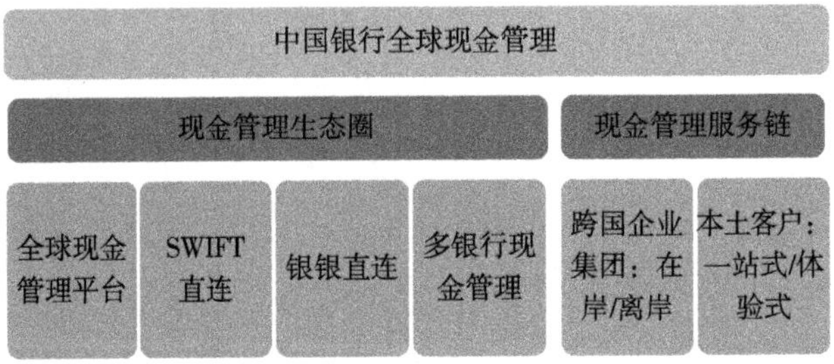

图 4-4　中国银行交易金融——全球现金管理框架示意图

资料来源：中国银行官方网站及公开报道资料整理（www.boc.cn）

同时，在业务架构上，中国银行开始了一些创新的尝试。2016 年初，中国银行在中银香港机构首次“试水”，尝试设立了交易金融部，将贸易金融和现金管理两条产品线进行整合，探索发展中银香港特色区域性交易金融业务模式，作为全行、全集团的业务转型“试验田”。

中国银行结合贸易金融业务传统优势，积极参与“一带一路”、人民币国际化、自由贸易试验区（简称“自贸区”）建设，全力支持国家战略落地实施；大力发展供应链金融业务，在线供应链融资、海外供应链融资和飞机租赁保理业务取得新突破；创新推广全球大宗商品结构化融资，进一步巩固保函、福费廷（买断）、保付代理等重点优势产品；配合上海票据交易所上线，大力推广电子商业汇票业务；持续提升基本结算账户服务水平，带动结算业务规模稳步提升。上半年，中国内地机构国际贸易结算市场份额、跨境人民币结算市场份额继续稳居同业首位。

中银香港发挥集团全球网络优势，大力发展跨境业务。深化集团联动合作，以产品服务创新为导向，为中国内地企业在其他国家和地区的项目提供多元化金融服务，助力集团打造“一带一路”金融大动脉；积极争取地区重点项目，扩大与当地非中资及龙头企业的业务合作，进一步提升市场份额和影响力；深入开拓自贸区业务，把握“粤港澳大湾区”的发展机遇，加快跨境金融服务中心建设，有效拓展跨境融资、跨境资金池等业务；发挥产品优势，落实跨境服务新模式，满足内地客户海外资产配置等金融需求，内地客户数量持续增长。

2. 对公板块优化升级，践行“以客户为中心”，致力提升品质

公司金融业务方面，中国银行深耕公司金融跨境业务“蓝海”，进一步完善全球客户服务体系和跨境融资产品服务体系建设，通过银团贷款、项目融资、并购融资、私募股权融资等高端产品，重点支持中国企业在全球市场的跨境投资和国际产能合作，助力中国企业“走出去”并融入国际主流市场，支持境外企业“走进来”合作共赢，加强与国内政策性金融机构、国际多边组织和担保机构的业务合作，提升对“一带一路”沿线国家重大项目的支持力度与服务水平。

机构客户方面，中国银行继续深化与境内银行及境外代理行、非银行金融机构及境外央行、主权财富基金和国际金融组织等全球各类金融机构的全方位合作，搭建综合金融服务平台，客户覆盖率保持市场领先，与全球 176 个国家和地区的 1600 余家机构建立代理行关系。为 120 个国家和地区的代理行客户开立跨境人民币同业往来账户 1480 户，领先国内同业。推广跨境人民币支付系统（CIPS），与 183 家境内外金融机构签署间接参

与行合作协议，市场占有率同业排名第一。

在对公的金融市场业务方面，中银香港还加快重点业务平台建设；积极拓展财资业务，通过产品创新和服务优化，持续提升交易能力及业务收益；进一步建立与海外央行及主权国际机构的业务关系，打造多元化增收能力；巩固和提升现钞市场领导地位，强化跨境业务并拓展东南亚市场；扩大全球人民币清算业务优势，人民币跨境支付系统（CIPS）清算业务稳定增长；致力多元化经营，继续加强信用卡、私人银行、人寿保险、资产管理、现金管理、托管、信托、证券期货等重点业务平台建设，客户及业务规模有效提升。

案例 4　建设银行：交易金融生态圈初见成效

1. 对公交易金融生态体系初步形成

建设银行是第一家央行认可的商事制度改革账户管理创新先试先行银行，创新推出跨境信息报告、跨境支付等全球现金管理产品，打造本外币、境内外一体化现金管理产品体系；创新打造跨行现金管理、“监管易”对公资金监管等产品体系，全面提升企业运营资金集成管控能力；推出“票据池 +”综合融资、代收代付、单位结算 E 卡通等场景化应用方案，着力打造对公支付生态圈，提升“禹道”品牌知名度和影响力。据统计，截至 2017 年 6 月末，建设银行单位人民币结算账户 733 万户，新增 61 万户，现金管理活跃客户 102 万户。

2. 加快推广“跨境 e+”，丰富交易金融主题场景

建设银行加快推广“跨境 e+”跨境电商综合金融服务平台，提供“全流程、全线上、一站式”跨境金融服务；加大产品创新力度，推出“大宗商品买断型融资”、面向中小微企业的“助贸贷”“出口退税信用贷”“政保贷”等创新产品。境外代理行及外币清算服务网络日臻完善，总行级代理行达到 1369 家，覆盖 132 个国家和地区。据统计，截至 2017 年上半年，建设银行国际结算量 5788.72 亿美元，实现国际结算收入 27.42 亿元；跨境人民币结算量 4289.62 亿元，新增跨境人民币客户数 1.6 万个。

案例 5　交通银行：协同现金管理与产业链金融业务

交通银行紧跟大型客户向产业互联网转型趋势，主动开发涵盖支付结算与贸易融资的在线金融产品，并与建筑施工、医疗卫生和石油化工等领域重点客户开展深度合作，加强与财务公司的业务联动，共同服务财务公司所属集团成员单位的上下游企业。据统计，截至 2017 年上半年，境内行累计拓展达标产业链网络突破 2500 个，达标链属企业超过 30000 户。

交通银行针对大型企业集团产融结合趋势，创新推出财务公司财资管理系统服务，顺应 " 互联网 +” 趋势，推出电商平台服务方案，进一步加强现金管理与产业链金融的业务协同，持续丰富现金管理产品线，在成功推出“招标通”企业招投标金融服务平台的基础上，强化基于场景的结算类产品服务创新，成功推出“账管家”一站式账户管理服务等产品，增强二级账户收支管控功能。截至 2017 年上半年，上线“蕴通账户”现金管理的集团客户近 2 万户，涉及现金管理账户逾 28 万户。

交通银行大力发展国际结算和跨境贸易融资业务，为企业“走出去”提供金融支持和保障，报告期内，境内行办理国际结算量达人民币 23066.34 亿元；国际贸易融资发生量达人民币 528.92 亿元。依托对外担保等融资、结算产品，支持“一带一路”战略和 " 走出去” 企业。截至 2017 年上半年，境内行对外担保业务发生额达人民币 757.09 亿元。

第三节　小船调转：中小银行搏杀交易领域

以中信银行、招商银行为代表的股份制银行是交易金融业务领域积极创新、改革转型的典范，而城农商行中除了少数规模较大、管理水平较高的上市银行在交易金融业务领域取得一定突破外，其他行由于自身诸多能力短板其交易金融业务发展整体上相对存在已定的差距。

相对而言，全国股份制银行与领先城商行“船小好掉头”，走在交易金融发展前列，其中，第一个“吃螃蟹”的是广发银行，2012 年 5 月，广发银行整合原有机构设置，在国内中资银行中率先打造了环球交易服务架构，借鉴其境外战略投资者花旗银行的模式，全面整合了供应链金融、跨境金融、现金管理三大交易金融业务主线，产品线涵盖企业采购、生产、销售各个环节，针对企业结算、融资、现金管理、保值增值需求，提供离在岸、本外币、线上线下一体化的综合解决方案。之后，各家股份制银行争相跟进，基本上走了“以架构为先、以业务为引领”的发展道路[①]。

案例 6　中信银行：交易金融 3 种模式

中信银行建立了交易金融 3 种模式：（1）“商行 + 投行”“金融 + 实业”的综合服务模式。（2）“商行 + 投行 + 信托”的大资管模式。（3）产业链协同、“走出去”协同模式。

依托中信集团产业 + 金融的优势重视对公基础客群经营，强化了客户分类分层经营，同时摒弃“垒大户”思想，着力培育未来的行业龙头企业和骨干企业，通过“核心企业 + 上下游 + 生态圈”的经营模式，依托大行业、大客户、大项目，通过 " 以大带小”，拓展“三大”客户链条上的中小企业，做多做实中型客户，做专做精小微客户。

2017 年 5 月，中信银行发布的“生态金融”云平台，是基于场景化建设提出的“生态金融”模式，将其称为“交易金融的 3.0 模式”，据估算，截至 2017 年 6 月底，中信银行交易金融签约客户 35.35 万户，比 2016 年末增长 4.80%。报告期内交易金融实现交易笔数 3220.86 万笔，同比增长 35.66%；交易金额 34.57 万亿元，同比增长 14.66%；交易笔数替代率 266.69%，比上年减少 1.71 个百分点。

案例 7　招商银行：组建交易金融专业部门和平台

招商银行在总行层面设立交易金融部，覆盖结算与现金管理、供应链金融、贸易融资、跨境金融和互联网金融五大业务板块。招商银行将交易

---

① 本部分部分内容参考各家银行年报、网站及公开报告以及财资（中国）发布的《2017 银行业观察报告连载① 交易银行正当时：场景赋能公司业务转型》等报告。

金融业务比喻为“围猎”和“农垦”，对应非标准化的顾问服务和基础服务，前者深入企业日常经营，增加黏性，获取低成本资金沉淀，为风险管理提供数据积累和透视能力；后者解决高层次或创新的金融需求等。

同时，招行从突破“银行账户”属性限制入手，解除了公司客户与银行账户的强耦合关系，全面运用 FinTech 核心技术，打通线上下、O2O 等应用场景（即远期、信用购销），针对基础客群及产业客群分别打造了开放、智能、互联网化服务对客服务平台。据统计，至 2017 年 6 月 30 日，招商银行现金管理客户总数达到 123.62 万户，较 2016 年末增长 11.35%；持续打造“C+ 结算套餐”品牌，新增开户超过 11 万户，“公司一卡通”新增开卡 40.3 万张。

在供应链金融方面，招商银行按照“融资 + 融智 + 融器”的经营思路，深耕优质供应链客户，加快产业互联网布局，围绕纵向垂直的产业供应链、横向交叉的综合交易链，建立端到端的产业互联网金融服务闭环，将互联网供应链金融业务向纵深发展，推出了以 Fintech 技术为助推、投商行一体化下的产业互联网“智慧供应链金融 4.0”版本。2017 年上半年，招商银行按照“融资 + 融智 + 融器”的经营思路，深耕优质供应链客户，据统计，期末供应链融资余额约 1207.95 亿元，较 2016 年末增长 24.71%；资产质量持续优良，不良资产率仅为 0.17%；付款代理业务交易量 367.13 亿元，同比增长 194.65%；票据池业务交易量 688.90 亿元，同比增长 116.91%。

在贸易金融方面，招商银行深化国内贸易融资产品的组合和延伸运用，主动调整融资资产投放结构，重点推进国内保理业务，2017 年上半年国内保理业务量 785.26 亿元，同比增长 498.29%，在汇率双向波动、风险管理更加审慎的情况下，通过创新出口代付、服务贸易保理等产品和模式促进投放在岸国际贸易融资投放保持平稳，据估算，月均余额 65.13 亿美元，较 2016 年全年增长 2.16%。

在跨境金融方面，招商银行主动调整客户结构和业务结构，在结构性发展机遇中加大轻型产品创新力度，重点推动“跨境资本通”业务发展，升级跨境金融智汇平台。

案例 8　民生银行：构筑场景化的交易金融

民生银行全力打造“专业化的商业银行”“场景化的交易金融”“定制化的投资银行”三大业务特色，根据产业结构和消费结构转型升级的新变化、新趋势，持续改善公司客户结构、行业结构和区域结构，有力支持实体经济的发展；交易金融在供应链金融服务模式、结算与现金管理产品、存款增值产品、国际结算以及贸易融资业务等方面不断创新；优化投资银行业务体制改革，建立了符合投行业务要求的轻型组织与管理制度，聚焦于医疗健康、文娱消费、高端制造及信息、技术、政府及投资机构四大行业，深耕细分市场，挖掘客户需求。

民生银行交易金融部主要是以贸易金融为主体，以公司网络融资和现金管理为两翼，具体包括公司网络融资部、结算与现金管理部、国际业务部、保理业务部等，顺应企业金融需求的多样化和场景化发展趋势，不断提升公司业务线上化水平，打造新型公司网络融资业务平台，持续提升公司金融场景化服务能力，重塑国际业务竞争力，巩固贸易金融差异化优势，深化交易金融业务融合发展模式的转型升级。在交易金融领域，民生银行的主要思路和工作要点如下：

（1）创新供应链金融服务模式，快速提升公司网络融资业务规模。民生银行进一步完善公司网络融资平台，优化网络融资 E 系列产品体系，研发上线理财产品质押网络融资、供应链“赌销 E”等产品迅速提升公司网络融资规模。

（2）深化结算与现金管理产品的场景化创新，有效拓展客户规模。聚焦战略客户金融需求，提升集团客户服务能力；着力丰富和完善“通”系列产业体系，有效服务中小微企业、创新企业，聚焦“长尾客户”，推动客户规模快速增长。

（3）优化存款增值产品功能，提升线上服务能力。打造全新集团版“流动利 E”产品，进一步增强流动利系列产品对客户的吸引力；丰富对公大额存单产品功能，构建大额存单交易平台；提升现金盈系列产品线上服务能力，使产品差异化竞争力进一步增强。

（4）顺应外部形势变化，推动国际业务快速发展。民生银行围绕客户国际化业务需求，加强重点产品推广应用，推出了一站式跨境金融综合服务方案“跨境通”，促进了国际结算量有序增长，外币贷款规模大幅增加。

（5）有序开展全价值链产品创新，推动国内贸融和保理业务转型发展。报告期内，民生银行主导实现全国首例批量模式化应收账款资产支持票据业务成功发行，打通传统贸易金融与资本市场的连接渠道，进一步提升贸易融资业务的差异化竞争力。

案例 9 浦发银行：重建小微企业经营生态圈

浦发银行的整合比较特殊，在常规的跨境金融处、供应链金融处、电子渠道处、财资管理处和贸易服务处基础上新增了同业电子渠道处、机构业务处以及工商企业金融中心、科技金融中心。这些机构业务处和两个中心在银行体系内部的划分是“客户部门”，分别对应对公的公众事业单位以及中小企业，也就相当于在同一个部门下整合产品、客户、服务三项业务。

浦发银行聚焦“弱周期、大流量、高频度、轻资产、公司联动”等重点客户，强化产品渗透、风险管理、资源整合与服务支撑，深入推动海外直贷业务、线上供应链金融“政采 e 贷”等创新产品以及云资金监管服务、账管家等财资特色服务，据估算，截至 2017 年上半年，交易金融特色业务量 2.74 万亿元，同比增长 30.48%；电子渠道交易量 19.88 万亿元，同比增长 30.70%。

案例 10 平安银行：细化“双轻”经营理念

平安银行将“行业化、专业化、投行化、轻资本、轻资产”的经营理念进一步细化，形成了大对公业务“1234 落地战略”，大对公业务未来发展方向、盈利模式更加清晰。“1234 落地战略”指一条生命线（资产质量）、两大发展理念（行业化、双轻）、三大保障基石（系统、考核、队伍）、四大实施路径（纯存款、真投行、主办行、KYB），覆盖行业银行、政府银行、客户经营策略、产品组织方式，并通过团队重构、科技支持、风险管理体系和绩效考核体系的变革等各方面全面落地，实现大对公一体化变革，大对公业务将通过“1234 落地战略”从利差经营转向客户综合服务、效率全流程提升的双轻盈利模式。

平台战略方面，平安银行借助科技力量，持续扩大橙 e 网、跨境 e、保理云、行 E 通四大平台的影响力，进一步向客户提供精益化的产品与服务，据统计，2017 年 6 月末，橙 e 网已向 950 个行业电商平台项目输送了行业金融服务体系，较上年末增加 134 个，数字化的供应链金融体系行业标准正在形成；跨境 e 金融平台交易规模达 2307.55 亿元，同比增幅 20.2%。2017 年末，“保理云平台”应收资产交易市场上线合作客户 5621 户，较 2016 年末增加 1255 户；行 E 通综合金融资产交易平台影响力持续彰显，平台累计合作客户已达 1745 家，较 2016 年末增加 382 家，同业渠道规模效应日益明显。

案例 11　兴业银行：服务实体经济，大力推动跨境业务

兴业银行的交易金融业务从服务实体经济出发，紧跟国家战略产业布局，密切围绕国家带一路”发展战略，结合自身“把握有利时机，加快推进国际化经营”的总体部署，为境内外企业提供专业交易金融服务，积极把握市场先机，以客户为中心，合规经营，努力提升业务发展质量和专业化管理能力，促进了交易金融业务持续健康发展。

据估算，2017 年上半年兴业银行本外币跨境结算业务量 524.73 亿美元，较上年同期增加 114.89 亿美元，增长 28.04%；在大力推动跨境业务相配套的 FICC 业务上实现增长上量，跨境业务联动产生的 FICC 业务交易量达到 2417.97 亿元；企业金融外币日均存款 167.35 亿美元，较期初增加 24.52 亿美元，增长 17.17%；供应链金融业务余额 608.23 亿元，较期初增加 303.9 亿元，增长 99.86%；互联网支付结算业务继续保持市场领先，互联网支付交易量2272.82亿元，其中收付直通车产品累计交易量1289亿元。

案例 12　浙商银行：池化融资平台，成为企业流动性优选银行

浙商银行紧密围绕企业“降低融资成本、提高服务效率”两大核心需求，创新“池化”和“在线化”融资业务模式，在“三池”（涌金票据池、涌金资产池、涌金出口池）的基础上，推出在线供应链金融“1+N”

解决方案和至臻贷，形成了一套比较完整的企业流动性综合金融服务解决方案，帮助企业盘活应收票据、应收账款等流动资产，实现在线化操作、自助融资、按需提款、随借随还，从而减少企业资金备付、贷款总额和利息支出，降低企业融资杠杆和融资成本。

2017年上半年，浙商银行资产池（票据池）签约客户12152户，较年初增长28.57%，池项下融资余额1905.94亿元，较年初增长13.05%；出口池签约客户1535户，较年初增长19.73%，池内应收账款余额10.87亿美元，较年初增长15.64%，应收账款融资余额4.64亿美元，较年初增长0.50%；至臻贷签约客户995户，较年初增长183.48%，融资余额296.85亿元，较年初增长171.37%。

案例13　北京银行：e字当头的交易银行品牌集群

北京银行的交易金融品牌涵盖“e归集、e存管、e结算、e增值、e融资”五大业务板块、六大渠道，36个特色产品。“e结算”板块持续优化结算处理能力，结算规模达7.1万亿元，并研发单位结算卡，定制南京江北新区专属“灵雀卡”，创新智能账户，定制政府采购平台解决方案，服务于北京、长沙等地政府机构；“e归集”板块研发透支资金池新产品，提升集团客户现金管理服务水平；“e存管”板块持续拓展大宗商品交易市场领域应用，定制平台融资+资金存管组合方案；“e增值”板块提升主动负债管理能力，优化业务办理流程，一年期以内单位大额存单占比83%；“e融资”板块推出集团票据池、保理项下开银承等新产品、新业务，拓展多元化供应链金融服务。据统计，北京银行支持“一带一路”建设，贷款总额189亿元；成功参与江西省1000亿元大型发展升级产业引导母基金；支持乌鲁木齐经开区旧城改造产业基金项目80亿元。

交易金融综合贡献度显著提升。截至2017年上半年，交易金融客户达到5.5万户，客户覆盖率47.9%，较年初增加1.7个百分点。多方整合交易金融、零售银行产品，国内银行业首家推出教育行业金融服务方案——“教育e通”，涵盖结算、归集、存管、增值、融资、校园卡六大板块，为各类院校提供综合化一站式金融服务。

案例 14　上海银行：互联网思维助力产品创新

上海银行将互联网思维应用到产品创新和流程优化中，设计“收款易”、条码支付等创新结算服务和线上化保理融资产品，逐步搭建起集支付结算、贸易融资、现金管理、资金监管、财富管理于一体的综合金融服务平台；聚焦核心企业及上下游、要素市场及交易商、第三方数据平台及用户三类目标客群，重点营销健康医疗、先进设备制造、文化旅游等行业的龙头企业以及国资企业集团、电商平台等特定客群，致力于为客户降低交易成本、提高交易效率和资金运作效益。

案例 15　杭州银行：围绕客户建立“一站式”服务体系

杭州银行围绕客户日常交易，从产品、渠道、服务等方面建立一站式服务体系，努力打造公司理财、杭银票据管家、集团财资管理等特色产品和服务。在贸易融资与国际业务方面，杭州银行持续加强本外币、境内外联动，为企业提供融资和结算便利。

综合上述各家银行业务布局可以看出，发展交易金融是大势所趋，大型商业银行利用其网点多、信誉好的优势纷纷大力布局境外业务；股份制银行则把握其创新思维灵活的基因，从平台搭建、供应链服务等角度为企业提供个性化产品，同时逐步往跨境业务发力；城商行推出交易金融的时间较晚，但是由于互联网技术发展迅速，并不会因时间差影响而落后，反而可以总结业界先行者的经验教训，结合自身区域优势，形成适合自身的发展模式。

第五篇　战略篇：
登高而招　而见者远
——中国交易金融 3D 框架

——交易金融是业务、互联网思维、组织变革的 3D 结合

交易金融不是简单业务和部门的“组合加总”，更不是考核划线的“楚河之争”。交易金融的基础是银行业务，但又通过互联网思维的深入融合，智能化技术和场景的深度介入，形成了有别于传统银行业务的体验，“业务＋思维＋变革”塑造了全新的交易金融框架。

第一节　迷失困惑：中国交易金融的命运曲折

一、发展承压：逆全球化、互联网 @、客户流失……

1. 逆全球化时代的新冲击，如何不被边缘化

“一带一路”、自贸区、人民币国际化三大战略部署的共同立足点就是强化对外贸易，为跨国贸易业务、跨国资金管理、货币汇兑等交易业务提供巨大增长空间；国内外贸易持续增长，贸易总量屡创新高，规模增长，结构转型推动产、供、销等交易活动发展为中国的交易金融业务提供了良好的外部发展条件。

据中国银监会披露，截至 2016 年底，共有 9 家中资银行在 26 个“一带一路”沿线国家设立了 62 家一级机构，其中包括 18 家子行、35 家分行、9 家代表处；同时，由中国银行业协会牵头筹建的亚洲金融合作协会已于 2018 年 3 月成立；此外，境外银行也在积极与中国银行业进行互动，截至 2016 年末，在“一带一路”沿线国家中已有 20 个国家的 54 家商业银行在华设立了 6 家子行、1 家财务公司、20 家分行以及 40 家代表处。

与此同时，全球经济陷入逆全球化的浪潮，全球贸易面临民粹主义、“贸易战争”等多重挑战，抑制国际贸易融资业务的快速增长。2008 年国际金融危机以来，受全球需求放缓、贸易保护主义抬头、中美“贸易战”等影响，出现了国际贸易增长低于全球经济增速的新现象，这给商业银行的跨境贷款等业务带来不利影响。根据 WTO 统计，2009–2015 年全球贸易年均增长 3%，低于过去 30 年的平均水平，也持续低于全球 GDP 增速；2016 年全球贸易增速进一步放缓至 1.7%，为 2009 年以来最低水平。

在这种情况下，中资银行交易金融的发展空间遇到挑战。目前中资银行的海外业务主要集中在贸易融资等国际信贷领域，在多样化融资工具研发、资产托管、清算服务等新兴业务领域的积淀和创新还存在差距；同时，在跨境现金管理能力和综合化金融服务方面，如何更好地为“走出

去”企业跨境贸易提供结算、清算、汇兑等便利性支持，为跨境投资提供财务顾问、并购搭桥、股权融资等投行服务，也是中资银行开展交易金融业务的一大挑战。

目前，中资银行在海外布局设点，建立全球化网络的进度很快，但在内在协同性、深度联动融合方面还存在一定差距，例如：随着人民币国际化的提速，人民银行在海外指定了23家离岸人民币清算银行给中资银行清算服务业务提供了巨大的市场机会，如何把这些海外的点连接起来，形成联动互通的网络，考验中资银行的协同联动能力。

2. 新场景挑战，如何适应互联网革命带来的新“玩法”

“互联网+”加快了交易金融供应链金融线上化、平台化和生态化发展趋势，传统银行的很多“玩法”在互联网的影响下发生了很多变化，很多新的金融银行场景应运而生，分析如下：

在交易金融相关领域主要的挑战包括：（1）渠道挑战。对此应拓展线上服务渠道，提供对对公客户的线上一体化、不落地的金融服务，提高金融服务效率。（2）场景挑战。一些传统银行丰富了线下客户“工具箱”，例如，推动上门、行业方案、论坛沙龙等一系列新兴的对公客户营销和体验场景层出不穷。（3）服务体验挑战。一些传统银行利用互联网理念和信息科技，大力改造对公客户的服务品质和效率，提高各类交易金融产品和服务的可获得性。（4）持续创新挑战。应探索开展经营模式创新，提升金融服务能力，改善客户体验，包括积极探索建立纯粹线上运营，可批量化提供交易金融服务的直销模式，打造互联网综合化金融服务平台与将金融服务融入电商平台等。

3. 如何解决众口难调，满足对公客户需求差异化

在新的经济模式和市场形势下，各方参与者都在发生调整和变化，银行的对公客户也在变，不同类型的公司客户其特点和需求的差异化特征越来越明显，对于银行业的挑战是如何突破众口难调的思维僵局，取得银行服务标准化和企业需求差异化的平衡。

（1）“巨无霸”和“独角兽”自建金融

超大企业往往具有全国化甚至全球化布局、多元化业务和集团化经营的特征，它们是各个行业中的市场领导者，而并购也是超大企业快速实现业务布局的主要手段。超大企业的金融需求成熟，对传统的授信、交易金

融业务的理解深刻，并于近几年全方位涉足债权、股权和专业金融等直接融资领域；另外，超大企业普遍在集团内下设财务公司或持有金融机构股份，具有类似金融机构的能力，因此对银行及其他机构的金融服务能力要求极高。

（2）大型企业直接融资倒逼银行脱媒

从全球来看，30 亿元人民币（约 5 亿美元）通常是区分大型企业和中型企业的分割线，超过 30 亿元人民币营业收入的大型企业，往往具备跨省集团化经营的特征，并购是其常见的扩张手段。大型企业对融资的需求较为迫切，希望银行或券商机构在行业领域具有专业知识及针对性的解决方案；另外，大型企业的合作银行数量较多，因此希望得到优质的专属服务。

（3）中型企业对银行离心力不减

随着业务规模和地域覆盖的不断扩大，中型企业的金融需求呈现出复杂化的趋势，除对现金管理、支付结算具有强烈需求外，中型企业对融资的要求也日益多样化，例如，部分信用优质的中型企业会尝试通过直接融资获取所需资金——相比大型、超大企业，中型企业的金融需求往往由 1–2 家股份制银行或城商行即可满足。

（4）小微企业需求多样化

其业务处于起步阶段，金融需求简单，大部分为传统的信贷产品；另外小微企业主本人也有财富管理需求，小微企业与银行的合作通常由私人关系或地理位置等因素所决定。

传统银行业务主要关注成长、成熟期的大型、超大型客户，未来，交易金融客户将会向全周期转变，除成长、成熟期企业外，大量初创期小微企业、转型期“问题”企业也会成为重要的潜在客户，要求交易金融具备灵活响应客户需求、综合运用各种金融工具的能力。

4. 如何应对获客导流与客户群流失的压力

随着互联网企业的风起云涌，银行客户群的基础愈发受到冲击，银行不再是客户金融经济活动的物理中心——银行用自己的方式来对待客户的那些日子已经过去了。

今天的客户是有着高度意识以及掌握不断更新的资讯的群体，现在一个企业如果没有以客户为中心，将会无法良好得运作；行业经验、集约性、是否贴身定制等将成为未来交易金融客户考虑的主要原因，据调查，交易金融的对公客户通常认为价格不是选择银行的决定性因素；客户更看重的是银行可否给其全新的、助力其经营发展的一揽子有启发性的行业经验输入。银行需要在每一个提供给客户的服务背后都有明确地去迎合客户需求的目的，这意味着银行必须确定一组客户，给他们制定特殊的产品，然后从其中发现不足处，一旦建立了这样的交易金融产品体系，将会更为正确的去接近客户。

同时，获取客户只是流量入口的第一步，活客（让客户与银行活跃高频进行交易行为）、黏客（留住客户）将是更为重要的工作。客户是谁，客户想要什么，他的目的是什么，凭什么留住他这些问题需要对客户信息进行一定的分析与管理才能得出结论，从而才能对客户群体进行分类。对客户的分类有助于了解顾客真正想要的是什么，以及能够提供给他什么样的服务。此外，提高客户体验是交易金融服务的最终目的所在，客户在使用了特定产品或服务后会有他们自己的观点和反馈，如果这些反馈是积极的，那么银行的活客、黏客就有了机会，否则就会陷入“客流陷阱”。

5. 如何与金融科技创新更好融合

科技创新正在变革公司客户自身的业务模式，从而促使其金融需求的改变。以传统的重型机械制造商为例，正在从简单的生产起重机转型成为自动化的集装箱码头，通过引入物联网等创新技术实现实时的吊装监控、远程自动装载等从单纯的销售设备转为提供更加灵活的租用服务，而原本简单的信贷业务已经无法满足这些机械制造商的业务需求，更加灵活的供应链金融服务、运营资本融资、兼并收购咨询服务（收购数字服务及软件提供商）成为客户转型之后更迫切的金融需求。

公司客户对银行“数字化”“互联网化”的期望在不断提升，据波士顿管理咨询公司（BCG）的调研，2015 年有超过 70% 的企业客户表示数字能力是评估银行对公服务水平的关键要素之一，交易（如支付、结算等）、预警和授权审批是接受度最高的三大数字化应用。从客群来看，与“互联网金融主要服务小微企业”的印象相悖，大中型企业更多地应用了数字金融服务，并几乎渗透到交易金融业价值链的各个环节；从地域来看，新兴市场客户对数字金融服务的接受程度更高：56% 的新兴市场受访者表示曾经使用过非银类金融科技公司的服务，特别是在线支付、交易服务和信贷等产品与服务。

银行同业对交易金融数字化发展呈分化趋势，传统银行业在对待交易金融数字化转型上表现出了不同的态度，一些领先机构正在不断加大线上和移动端企业金融服务，并逐渐建立起领先优势，如整合企业支付、贸易融资、托管、信贷等全价值链服务的数字交易金融服务；与电商平台合作，将上下游贸易、物流和最终购买支付的信息打通，设计线上供应链融资产品；借助区块链技术，为外汇交易、跨境支付提供创新的解决方案等。与此同时，囿于“数字化是服务零售客户”的观念和对底层系统和数字技术的持续投入的顾虑，仍有许多银行正在被领先同业甩在身后。

新兴金融业态为银行业务带来机遇的同时也带来了挑战。伴随金融科技的发展，第三方支付、P2P、股权众筹、网络金融资产交易所等线上金融平台型企业层见叠出，银行业务面临来自创新金融科技公司的直接竞争，如小微企业贷款、供应链融资、企业支付结算；在进行自身业务的数字转型的同时，银行也可以主动探索与金融科技公司的合作，将其视作合作伙伴，优势互补，加强在资金托管、联合放贷、征信与风控等领域的合作，甚至将其变为自身的客户，探索投贷联动的可能，形成积极的竞合新模式。

6. 如何激活沉睡账户，避免成为支付附庸

“得民心者得天下”，在互联网普及的今天，运用信息网络和现代控制论的识别技术，通过实时掌握账户信息，即在确保账户识别和信息安全的前提下能为持有人提供针对所属账户的“实时、可观、可控”服务，已成为运用大数据分析用户需求、把握发展趋势、引领未来的重要方法和途径。据国家工商总局披露，2016 年一至四季度，全国新登记市场主体分别同比增长 10.7%、14.8%、14.8%、6.1%；全年新登记 1651.3 万户，同比增长 11.6%，平均每天新登记 4.51 万户；至 2016 年底，全国实有各类市场主体 8705.4 万户。按照平均每个公司 1.12 个账户（基本户和一般户），中国银行业已拥有超过 1 亿账户的超级公司客户群，领先世界上其他国家和地区。

账户识别是账户安全的必要前提，也是交易金融和现金管理的基础

要求，在互联网应用的催动下，身份识别需求已经应运而生。当下，手机支付、网络支付蓬勃兴起，比特币、Ripple虚拟货币正霍霍欲试“抢滩登陆”，对传统货币及支付方式形成巨大冲击和挑战。

中国银行业如能顺应时代潮流，审时度势地运用好互联网新思维、新技术，可以有效推动传统体制和方式的变革，可以解决互联网应用环境中关于身份辨识和账户辨识的安全认证难题，能重新构造适应当下及未来的现代支付工具和现代支付体系，从而能“得天下”并继续引领未来，这是交易金融和现金管理基础内涵的应用延伸。

二、避“坑”指南：别掉进这些“坑”

交易金融业务的建立并非一帆风顺，这一新业务背后所依托的业务运营模式和组织模式等都存在难以突破的体系建设掣肘。如何理顺银行内部协同机制、考核机制和信息科技基础设施建设，加强跨地区、跨部门和产品条线及跨总分支机构的系统能力是发展交易金融业务亟待破解的难题。

从中国交易金融探索的实践经验看，在银行内部构建一套成熟、高效、完善的交易金融体制，在以下几个方面可能还存在一定差距和挑战。

1. 思维误区：如何准确理解交易金融

在当前中国银行业，对于交易金融的理解还有差距，一个常见的误区是交易金融是业务的重新组合，仅仅是一个概念；或者陷入另一个误区：交易金融是一种新型的产品范畴。实际上，“交易金融”不仅是业务或单一的概念，更是一种理念，交易金融是指根据企业的交易行为，围绕客户的日常交易环节、财务管理和运营特点，整合产品、优化流程，为客户提供有针对性、综合性和立体化的一揽子金融方案，帮助企业降低成本，提升效率，提高流动性管理和风险管理能力。交易金融并非某项业务的改良延伸或某几项业务的简单加总，而是银行经营管理理念和对公金融服务供给形式的全面转型，要求银行要克服传统经营管理的思维惯性与路径依赖，以为客户创造价值为经营目标，对银行现有的营销方式、产品供给、业务流程等进行科学合理的系统性规划设计。

2. 意识误区：怎样跟上转型节奏

交易金融是现阶段中国银行业转型的必然选择。那么，如何才能跟上节奏？（1）从“以产品为中心”转变为“以客户为中心”，改变原来单向供给产品的做法，以更加积极主动的经营方式，深入理解和契合客户不断变化的业务需求，提供适宜的金融服务，为客户降低成本、增加价值。（2）从“提供单一同类产品”转变为“提供整体金融解决方案”，改变以往逐产品“点对点”的离散营销方式，围绕客户日常交易环节，提供涵盖支付结算、贸易融资、财资管理等在内的全方位、全流程的交易金融综合性服务，构建统一高效及可定制化的业务经营模式。

3. 架构误区：“部门墙”

目前，中国大多数银行或多或少地还存留着计划经济时代专门、分层管理的烙印，突出体现为管理行政化、沟通命令化、部门制衡化的特点，“部门墙”的情况很常见，造成很多基层的交易金融客户经理经常发出“内部营销比对客户营销更难”的感慨。从目前来看，在交易金融领域不管是监管者还是银行业界对于组织架构顶层设计都缺乏统一规划，总行交易金融业务分散在各部门且总分行业务开展和客户服务职能界定和分工不够清晰。

4. 传统管理模式的误区：考核僵化、客户管理不够精细

缺乏以客户为中心的整合服务和协同保障能力，缺乏有效的配套绩效考核机制和激励措施。客户细分和洞察精细化程度不够，缺乏面向交易金融的客户管理模式；此外，信息化、线上化程度偏低、大数据应用能力欠佳，因交易金融中无论现金管理，还是贸易融资和供应链融资都离不开强大信息系统支持；缺乏基于价值的交易金融综合定价能力，导致业务盈利能力偏弱，难以获得超额收益；同时，交易金融业务在中国银行业界发展的时间尚短，市场缺少高素质的交易金融人才。

5. 产品创新误区：过度同质化，交易金融“零风险”

目前，中资银行整体产品结构趋同缺乏创新，整体来看各家银行产品范围、服务内容方面趋同，缺乏创新和特点。交易金融业务涉及银行所面临的所有风险类型且呈现业务自身风险特点，按风险类别进行风险管理的传统模式较难有效应对。值得一提的是，在业界对于交易金融业务，很多银行很容易想当然地认为交易金融“零风险”，没有看到交易金融业务背后的风险本质和特点。

第二节　战略之光：中国交易金融 3D 框架

面对交易金融发展中的误区和困惑，如何跳出这些“坑”，进入高质量发展轨道，推动传统银行转型呢？万事战略先行，首先要厘清几个基本问题：都有谁、几个角度、如何搭建……

一、业务概览：谁应该在“碗里”

广义的交易金融业务主要包含支付结算、现金管理和贸易融资三类，各类产品都颇具吸引力，其中，支付结算和现金管理两类业务由于本身的特点往往紧密相连，形成一个服务组合，此外，根据各家银行自身的情况，还会涉及企业的卡业务、与贸易相关的资本市场产品（利率、汇率合约）等业务。

具体来说：第一，支付结算主要包括支票业务、代收代付、远端存款、跨境结算等，产品较为基础和稳定，风险非常小。第二，现金管理业务主要包括账户转移服务、现金流报告、资金归集和其他增值服务报告等，公司客户对于上述增值服务的需求高涨，经济效益比较有吸引力，风险也非常小。第三，贸易融资业务主要包括信用证、保理、保函、结构化贸易融资等业务，贸易融资尽管会受到全球贸易波动的影响，但供应链贸易背景的真实性更容易被银行掌握，因此相比传统信贷来讲，风险仍相对较小。

从中国银行业实践看，交易金融（Transaction Banking）是服务于客户交易的银行，是银行以客户的财资管理愿景为服务目标，协助客户整合其上下游资源，最终实现其资金运作效益和效率提升的综合化金融服务的统称。具体而言，交易金融服务于客户资产负债表的上半部分，涵盖账户及收付款管理、流动性现金管理、供应链金融、信托及证券服务、现金增值、电子商务、专业化咨询等领域，对应的常见产品包括：现金管理、对公支付结算、贸易融资、供应链金融、跨境金融和互联网金融等。

二、变革驱动：交易如何重塑金融

交易金融是互联网 + 时代的银行管理创新，需摒弃传统银行“产品驱动、关系驱动”常规模式，通过深度介入和密切跟随企业客户深层次的贸易过程，践行“以客户为中心”的价值创造理念。传统银行赖以生存和维系的资源配置模式将发生改变，由此，可分析交易金融的组织变革需要在以下方面努力：

1. 重塑组织架构

在交易金融新客户服务的业务模式下，为适应对服务流程的进一步规范化管理，需建立“扁平化”的条线组织，在总部成立交易金融部，加强统筹职能，自上而下地跨部门整合产品、服务和风险管理的标准化操作流程；同时，通过构建总 / 分 / 支行协调一致的条线专业服务体系，成立分行操作中心，突破传统商业银行区域化、割裂式的管理现状，以满足中大型客户的跨区域经营需求，对此，银行应建立专门的交易金融部，并按照前、中、后台的内部职能分工协作，在保障客户体验不下降的情况下顺利完成人员、业务和流程的过渡。

2. 重塑业务流程

为有效解决“中国式”部门银行分散化管理的制约，绕开跨条线协同的传统解决路径，提高对核心客户业务的处理效率，强化过程风险管理，在总分行各层面推行以操作为中心的“集约化”运营组织，将交易金融下各板块业务的落地实施和操作，进行集中处理，通过“端到端”的流程优化，提升客户体验，有效释放前端对客服务的能力；同时内嵌风险经理，管理交易金融业务的全过程风险，形成风险的全闭环管理。

3. 重塑经营模式

根据国际上的成功经验，交易金融要实现针对企业客户在交易过程中的个性化金融服务需求，选择产品组合和提供一体化解决方案，就必须有序整合和交叉应用内部庞大的产品体系，从根本上改变传统银行对公业务碎片化服务的状态，对此交易金融要坚持互联网思维，加强企业客户以“账户”入口的经营思路，有机融合产品、整合服务，提供全面解决方案为特点的综合性服务方案。

4. 重塑服务模式

交易金融成立的初衷是要升华客群关系，践行“以客户为中心”的价值创造理念，因此，一切改革的落脚点必须集中在客群服务模式上。交易金融客群覆盖范围极广，应该通过分层管理实现了整体客群体验价值最大化，同时应强化总行对一线的服务能力，以“名单制营销”的管理方式直接推动总行产品经理“下地”干活，直扑“一线”，并注重专业化队伍的建设，从原本的“单向培养、流水作业”向“双向约束、注重实效”转变。

三、战略灵魂：“互联网 @”的金融新思维

社会进入了移动互联网时代后，原本的商业系统都发生了改变；同时所有的变化也都离不开互联网思维，银行业同样如此，目前银行业正深度与互联网思维进行融合，打破了传统的银行经营管理思考和行为的方式，这是当前发展交易金融的关键所在，其主要的要素包括：

1. 用户思维

银行的客户转成用户，应从用户思维去思考和指导行动。用户思维指在价值链环节中“以用户为中心”去考虑问题。利润固然重要，但这个只是“以用户为中心”的结果，因为顾客决定了企业生存；只有顾客通过购买商品，才能使经济资源转化为资金；企业想生产什么并不重要，而顾客想买什么，才是决定性因素。

2. “极客”体验

随着中国经济转型高质量发展，银行业也在逐步降低对同质化竞争的依赖，如何赢得客户？其中一个重要的要素就是互联网思维中的“体验”经济思维，即通过“极客”体验来树立金融服务的差异化和吸引力。产品的体验是指客户愿意为产品以外的感受埋单，包含在所有产品中——只有消费者享受到了并超出了他们的预期，才可以称之为“体验”。

3. 需求“痛点”

用户表面上的需求一般是对产品的功能需求，而内在需求即是用户心理诉求，这种内在的诉求连用户也难以捕捉，就如交易平台只露在水面上的需求，而藏在下面的这些深层次的需求才是真正的价值基础。

4. 客户驱动

互联网时代靠的是传播而非营销，不同营销的驱动力来自于产品特点，偏重于功能。传统方式为了扩大销售，产品功能的差异常被强调，而

互联网时代的传播则不同，其驱动力来自于用户的感受。

四、中国互联网金融交易的 3D 框架：打造银行交易金融框架的战略地图

根据上述分析，基于现有银行的业务模式，融入互联网思维的思路，并辅之组织变革来保障实施，就形成了互联网思维下的中国交易金融 3D 框架。（见下图）

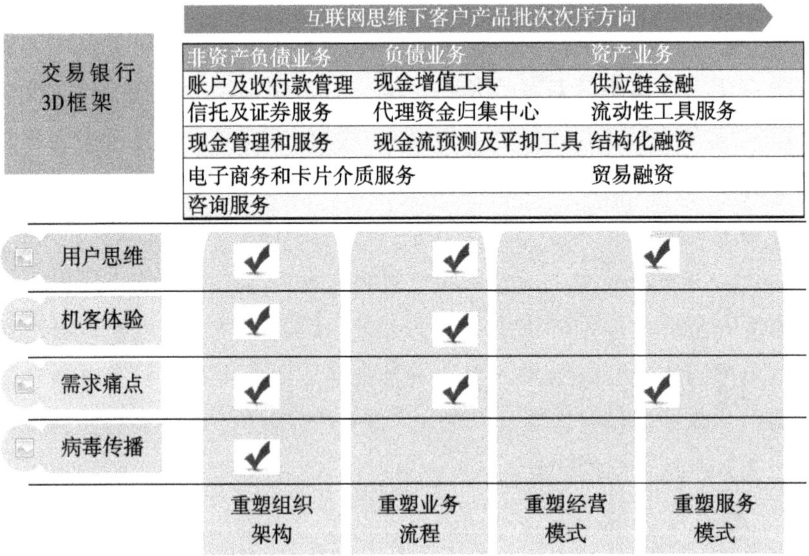

图 5-1　互联网思维下的中国交易金融 3D 框架示意图

其特点如下：

1. 重视业务的次序安排

交易银行并非只有“资产一条路，负债存款跑到黑”，而是可先从轻量级、体验好、引流快的非资产负债业务入手；从哪类业务切入，决定了客户不同的产品体验，影响交易银行金融成败。

2. 互联网思维并非“包治百病”，要看具体业务和产品情况而定

如融资贷款类业务，或许不能简单地以放贷时间来评判优劣，还需要给予必要的风险审查和管控空间。以往的交易金融业务失败案例中好多都是由于放松传统的风险管控而造成了资产的不良损失，实际上，交易金融是通过互联网技术对传统银行经营思维的转变，但这不改变传统

的风险控制模式，相反，风控在一些交易金融领域还需要进一步加强。

3. 交易金融的基础是组织架构变革

银行需按照“互联网 +”时代商业经济模式的新特征、新趋势以及消费者的新偏好、新习惯来设计组织架构版图，并安排适当的人员和团队。

第三节　转型脱困：生活不止眼前

根据中国银行业当前发展经营现状，可从信贷、交易模式、业务组合、互联网技术、跨界合作等多角度推进银行向交易金融的转型。

模式 1　战略纵深：打造信贷流量转换

传统信贷型是绝大部分银行在发展初期的天然定位，也是在中国发展最为成熟的商业模式，各家银行已逐渐形成了相对成熟的信贷产品组合和客户覆盖模式，但发展中的问题也相对突出，例如，客户定位上对大型国有企业和财政及机关团体的依赖度高，房地产、制造业等行业集中度高；盈利模式上，息差模式导致银行对于资金成本波动的敏感度强等。

展望未来，伴随着经济结构调整，不良贷款暴露一方面影响交易金融信贷业务的盈利能力，侵蚀银行整体的资本充足率，降低了传统信贷业务的风险调整回报；另一方面，处置不良贷款牵制了一线业务人员的大量时间和精力，为新业务开拓带来了挑战；此外，在供给侧改革“去杠杆”改革目标之下，商业银行面临着减少高风险客户的信贷风险敞口，优化信贷结构，寻找新的增长点的压力；这些都倒逼传统信贷型定位的交易金融必须转型，寻找新的增长空间。

目前，国内多家领先银行已经开始进行主动的信贷组合管理，压缩高风险行业的信贷投放，例如，某股份制银行近年来主动减少占其不良贷款70%-80% 的制造业和批发零售行业的信贷投放，这两大行业占其对公贷款余额的比例从 2014 年底的 45% 锐减至 2015 年底的 38.7%，2016 年上半年进一步降低至 37.4%，受此影响，该银行整体对公信贷余额 2016 年上半年相比 2015 年底微降 1.1%；另一家股份制银行制造业和批发零售行业的信贷余额占比也从 2014 年底的 45.2% 大幅降至 2015 年底的 41.8%，2016

年上半年进一步降低至 40.5%。通过主动的信贷调整管理存量控制总体风险，将是交易金融传统信贷业务未来几年改革的重中之重。

模式 2　突破重围：回归交易为中心的本源

广义的交易金融业务主要包含支付结算、现金管理和贸易融资三类，各类产品都颇具吸引力，其中，支付结算和现金管理两类业务由于本身的特点往往紧密相连，形成一个服务组合；此外，根据各家银行自身的情况，还会涉及企业的卡业务与贸易相关的资本市场产品（利率、汇率合约）等业务。

具体来说，第一，支付结算主要包括支票业务、代收代付、远端存款、跨境结算等，产品较为基础和稳定，风险非常小。第二，现金管理业务主要包括账户转移服务、现金流报告、资金归集和其他增值服务报告等，公司客户对于上述增值服务的需求高涨，经济效益比较有吸引力，风险也非常小。第三，贸易融资业务主要包括信用证、保理、保函、结构化贸易融资等业务，贸易融资尽管会受到全球贸易波动的影响，但供应链贸易背景的真实性更容易被银行掌握，因此相比传统信贷来讲风险仍较小，这一类方向是最传统的交易金融发展模式，主要包括四个方面：

1. 建立跨区域的网络覆盖模式

随着全球化趋势的加强，更多的企业客户参与到国际竞争中，继而对银行的全球网络覆盖能力提出了更高的要求。领先的银行通过建立广泛的合作网络为更多企业客户提供全球性的平台支持，提升全球业务覆盖范围，例如与国内银行合作，以吸引更多的中小企业和本地企业客群；与亚洲银行合作，进入新兴亚洲市场，以把握亚洲内部贸易流的机会。

2. 打造卓越的产品能力

提供充足的附加服务让客户优化其运营资本，将风险管理和基于资产负债表的贷款产品总体价值关联或侧重小众市场提供差异化产品，为客户提供远程和现场相结合的客户支持，易用、稳健的在线现金管理和融资服务，自动化、高效的执行以及精准、及时的数据汇报。

领先的交易金融注重产品的定制化，为客户提供一站式的综合解决方案，以 UPS 资本为例，UPS 围绕物流设计金融产品。在贸易金融领域，提供包括以货品为抵押物，向下游进口企业发放一站式贷款解决方案的进口贸易融资；以应收账款或货品为抵押物，向上游企业所在国的进出口银行转借的出口贸易融资；以库存为抵押物，向企业发放贷款的仓储质押融资。在现金管理领域，提供以仓储存货、生产线等资产抵押贷款，与银行合作为企业提供贷款方案的资产支持贷款；在支付领域为客户提供应收账款管理服务，如：保理、还款提醒、付款方信用检测等；与第三方机构合作，为小型商户提供信用卡收单服务以及提供软件自动化管理、延迟入账等COD服务。

3. 前端数字化产品和服务提升客户体验

从中国目前的情况看，在银行所有通过数字渠道办理的业务中交易金融相关的支付、提醒和审批处理的客户接受度最高。另外，企业规模越大，对使用数字化渠道办理交易金融业务的偏好则越高。

以美国富国银行的“商业电子办公室”（CEO）为例，这一CEO门户系统为中小企业提供简单定制的数字化服务取得了极大成功，CEO门户系统专注于交叉销售，为支付、信贷、资金管理、工资代发、报表等多种服务提供定制化、体验良好的界面，用户只需登录一次即可享用多种功能，到2014年，CEO门户系统的用户数量超过36万，使用率高达85%。

4. 构建规模化的IT系统

领先的交易金融已经在很大程度上完成了各主要交易金融产品在客户端的整合，并持续加大对系统和平台建设的投入，提供可靠、安全和可拓展的核心系统、在线融资管理平台、易于整合的IT架构，以改善客户体验和提升运营效率。面向企业客户，全球交易金融的数字化已经经历了三代电子平台系统，目前，领先银行正在建设第三代电子平台系统，使用以服务为导向的IT架构，应用Web2.0技术，侧重丰富且可定制化的用户体验，平台不再是一个访问的门户，还可以与企业自身的ERP系统连接，来更有效地管理服务，并且不断完善交易金融电子平台在企业自身报表分析方面的增值价值。

模式3 珠联璧合：“投行＋商行”助力转型

从全球来看，投行服务型主要面向超大和大型企业客户，以股权融资、债权融资、并购顾问和其他资本市场产品为核心，服务于客户的复杂金融需求。

专题与讨论 6：美国高盛银行投行板块案例

以高盛为例，其投行服务的主要类型如下：

（1）股权融资业务，主要是指投行以 IPO、股票增发、可转债等股票类融资产品，服务于企业的融资需求。投行在股权业务中的角色是资本中介，以获取承销佣金为目标，也会视情况与高盛的自营投资部门合作，直接参与到后市的交易中去，为客户提供后市维护、做市在内的一揽子服务。

（2）债权融资业务，主要是指投行以投资级债券、高收益债券、私募债、银团贷款、银行贷款等债权类融资产品，服务于企业的融资需求。投行在债券业务中的角色是多样的，既可以在承销债权产品中获得佣金，也可以运用银行自身的资产负债表去参与贷款融资业务。

（3）并购顾问业务，主要是指投行作为并购顾问，提供包括卖方顾问、买方顾问、反收购顾问、独立意见顾问等服务，参与到合并、私募融资、杠杆收购、战略 / 财务收购、分拆、资产剥离等不同类型的交易中，并收取成功撮合费、固定咨询费等灵活的费用；值得一提的是，并购顾问往往与其他三类业务有紧密的联系，例如作为买方顾问，同时为买家提供股权或债权融资产品。

（4）其他资本市场产品，包括风险管理产品销售、汇率、利率等衍生品销售、债务重组顾问、量化交易解决方案、结构化融资产品（比如航空租赁、电影融资）、资产证券化等。投行此类业务中的角色多样，通过设计结构、打包产品、承销产品获得收益。

资料来源：《完美公司银行 2020——危中有机、转型发展》波士顿咨询公司（BCG），2016 年 10 月 31 日，（www.bcg.com）

从中国市场来看，受到监管和业务发展阶段的影响，中国商业银行的投行业务与国际市场存在一定差异，主要的分类框架情况如下图：

标准债券	非标债权	股权业务	财务股权、证券化等
·为企业在公开市场发行承销债券，提供融资服务。 ·短融、中票、企业债、公司债、私募债。	·通过资管通道对接银行企业客户的融资需求，形成非标准化的信用类资产，等同于企业贷款。 ·信托贷款、委托贷款、专项资管计划。	·结构化设计实现股权融资：一是通过优先劣后的结构化设计，获得固定收益；二是利用直投业务实现同股同权，以真正股权投资的方式获得浮动收益。 ·产业基金、并购基金、私募直投业务。 ·明股实债、真股权。	·不直接利用自身的资产负债表资金去服务企业客户的融资需求，而是提供其他增值服务。 ·并购顾问、融资顾问等“融智类”，信贷资产证券化、不良资产证券化等盘活资产的证券化业务。

图 5–2 中国银行系投行业务框架示意图

结合国内外经验来看，国内投行业务正呈现市场空间大、轻资本占用、高利润回报的特点，有巨大的战略价值：（1）伴随着金融体制改革，中国社会融资结构正处于由间接融资向直接融资转型的阶段，多层次资本市场也在快速建设之中，因此债券承销业务、股权业务、证券化业务等投行业务有巨大的发展空间。（2）通过发展投行业务可以对接银行表外的资金来源，比如机构投资者、高净值投资者和大众理财资金，特别是标准化的投行产品（如债券、资产证券化），有效利用具有高流动性的证券市场来扩大资金来源，从而大大降低自身的资本占用。（3）传统信贷业务的平均收益受到利率市场化、基准利率下行等宏观环境的影响处于下行阶段，投行业务，特别是股权类业务可以帮助银行拓展另类资产，提升自身的利润回报。

从交易金融的视角看，中资银行要发展投资银行能力应该在承揽、承做和承销等方面下功夫。

1. 提高覆盖客户的能力

投行服务型的客户定位高于其他类型，主要是超大型和大型客户。此类客户面临的市场竞争往往十分激烈，对于银行的要求也很高，希望能有专注稳定的客户经理覆盖自身的需求，甚至是有融资专家提出客户自身尚未想到的资本市场解决方案去主动创造价值。为了实现客户的需求，全球领先的投行往往采用按行业划分客群的模式以行业专业化加深对客户的了解和价值创造。

以高盛为例，其投行部门下设有金融、消费、能源、医疗、TMT、工业、市政机构、房地产、金融投资者等行业组，行业组熟悉所在行业的发展动向和潮流，行业内各公司的重大事件以及相应的融资规范，能够实现与超大企业中高管的专业沟通，满足甚至发现客户的需求；同时在部分国家设立以地域划分的地域组，如中国组、日本组等，与行业组配合，针对所在国家特殊的国情共同覆盖客户的需求，形成地域专业化。

2. 提高差异化产品研发能力

在交易金融领域，不同企业对投行产品的需求往往差别很大，难以简单地复制或者提供标准化的解决方案，因此，投行部门下设产品组，与客户组形成差异化的分工，产品组应培育精通产品特点分析、交易结构设计、产品打包技术、风险定价等多个产品设计环节的人才，快速响应客户高度复杂的金融需求，同时保证银行自身的风险敞口维持在合理的水平。

3. 磨炼承销竞争力

投资银行业务的实质在于资产分销，能否在客户组发掘企业融资需求，产品组完成金融产品设计后快速合理地分销给不同的投资者是最终判断投行业务成功与否的关键，因此，领先的投资银行往往也有强大的销售交易和资产管理部门，与公募基金、保险、养老金、主权基金、私募基金、家族办公室、高净值人群等投资者建立了广泛的合作关系。承销团队长期服务于投资者的投资需求，因此了解投行部门所发起的产品更有可能被哪一类投资者所接受，更加适合哪一类投资者的风险收益偏好，从而一方面为企业客户完成了融资需求，另一方面为投资者客户完成了投资交易服务，形成了良好互益的协同关系。

模式 4　互联网化：面向小微的生态化反

互联网金融型这一交易金融模式，主要面向小微企业客群，以互联网金融手段去改造传统的交易金融产品和服务，提供基于互联网的企业增值服务，从而快速覆盖小微企业客群，特别是互联网生态圈内的小微客户。

过去，由于小微企业的小、散、乱，信息和抵押缺乏，传统金融机构服务微型企业存在巨大的挑战；但是，小微企业的金融市场有着巨大的发展空间：

一方面，小微企业核心金融需求远未被满足。中国约 5600 万小微企业中，仅有 11.9% 的小微型企业能够获得银行贷款，且主要集中于少数规模相对较大、资产相对较重的小型企业，据估计，真正的微型企业贷款融资余额仅为 1 万亿元人民币左右，仅占小微企业贷款余额的 5%，因此，与保守估计的小微企业融资需求相比，小微金融仍存在巨大的发展空间。

另一方面，从质量来看，小微企业在获取融资服务过程中在全面性、稳定性、速度、利率等方面存在着诸多“痛点”，例如小微企业体量相对较小，服务成本高，定制化产品成本较高，因而银行倾向于提供简单的标准化产品，利率也相对较高；仍以抵押融资类产品为主，对于抵押或担保物不足、财务数据相对不规范的企业，发放贷款能力较弱；由于体制原因，公私联动困难，小微企业主个人和企业需求未能有效衔接等。

展望未来，小微企业的需求正在发生快速变化，发展潜力巨大，金融企业应借助金融科技手段，围绕消费（批发零售类企业的电商化和线上化）、升级（传统制造业供应链的线上化升级）、创新（成长高科技企业的知识经济圈）三大主题服务小微企业。

第一，消费。聚焦线上的批发零售小微企业从不同角度切入，与合作方开展深入合作，开发 POS 贷、电商贷、云商贷、口碑贷等特色产品，服务线上小微企业，接入线上生态圈，成为核心金融服务提供商。

第二，升级。应抓住未来供应链线上发展的大趋势，实现从供应链 2.0 到供应链 3.0 的跨越式发展，以民生相关的饮食、服装等产业供应链为重点，形成与传统银行供应链的错位竞争，对接核心企业系统和信息帮助上下游线上化，提供针对不同供应链的定制化线上金融解决方案，构建线上供应链运营服务平台，整合资源，形成多供应链网络，提供全方位金融和非金融服务。

第三，创新。搭建生态圈服务高科技企业，提供全生命周期的金融服务，以生态圈的思维服务高科技企业，短期寻求批量获客合作伙伴和风险分担，并创新产品。

针对小微企业的需求，目前国内外互联网金融模式的主要金融产品包括支付结算、线上融资、现金管理、跨境汇兑等产品。其中，线上融资比较有特色的信贷产品包括 ERP 数据贷、税务数据贷、网上采购订单贷、商超发票贷、物流数据贷等，通过获取企业线上 ERP 数据、税务缴纳数据、电商物流数据和收单流水数据等线上较难篡改和伪造的数据，线上信贷产品可以在极短的时间内完成贷款服务。

此外，互联网金融模式的金融机构往往还为企业提供了有特色的互联网增值服务，例如基于 SAAS 的订单管理系统、仓库管理系统、收付管理系统等。增值服务往往与金融产品形成协同，一方面黏住小微企业客户，另一方面为线上金融业务提供大数据支持。此模式制胜的关键因素包含产品创新、数字化运营、生态圈三个方面。

第一，产品创新。对小微企业客户服务模式创新的突破口在于产品创新包含了面向客户的界面、数据类型和采集方式、风险定价方法等方面，互联网金融模式不是将传统线下交易金融的产品简单地搬到网上，也很难用一个标准产品覆盖各个类型的客户，原因在于小微企业客户自身的经营状况特点各异，征信基础较差，数据可得性参差不齐，因此，金融机构必须通过积极的产品创新去利用不同类型数据和采集方式进行风险定价或是开发适用于不同支付贸易场景的产品才能适应小微客群的需求。并且银行需要持续地根据产品的表现和场景的变化进行迭代优化，持续推出创新优化的产品组合。

第二，数字化运营。前端产品创新的同时要求银行中后台运营也要相应地开展数字化、智慧化转型，主要包括审批流程、结算清算、客户服务、风险合规等方面。互联网金融模式在前端产品和体验上的优势是基于后端在成本节约、流程精简、错误减少等精益运营的能力之上，因此通过运营的数字化转型，互联网银行业务可减少人工成本、减少纸上作业、减少人为差错率，并且通过大数据分析提升主动风险管理能力从而实现卓越的数字化运营。

第三，参与乃至塑造生态圈。为了将公司金融服务与客户的需求更紧密地连接，更高效地触达、获取和保留客户，获得可靠性、结构性和连续性更好的客户数据，需要金融机构积极参与到企业客户的生态圈中，例如蚂蚁金服与阿里系的电商就是在同一生态圈内的合作关系：蚂蚁金服基于阿里系电商的账户体系、交易数据、物流信息和流量数据，可以开发相应的产品，并且直接触达客户，呈现在一个整合的界面上；同时，生态闭环一旦形成，对外部竞争对手有较强的排他性，其他金融机构将难以复制这一模式，由此形成难以跨越的护城河。

模式 5 “全能选手”：全能服务型银行走混合跨界路线

除了上述四大模式的分析，还有一类是“混合型”的“全能选手”——全能服务型是领先银行在将上述多个模式同时做大做强后的模式定位。全能服务型可以通过借贷、交易金融、投资银行、互联网金融业务的多种产品全面覆盖超大、大型、中型和小微客群，实现在交易金融领域全面的领先优势。

全能服务型模式可以在各个主要银行业务间共享品牌体系、客户资源、资产负债规模和中后台运营体系，从而形成可观的协同价值，美国摩根大通银行是一个典型的例子：第一，摩根大通作为美国最知名的金融服务品牌之一，在与各类型企业开展合作时，都可以凭借自身悠久的历史、知名的品牌和在行业内的美誉度快速切入。第二，伴随着企业规模的护大，摩根大通可以在内部开展企业客户的转介，比如大中型企业当发展到一定规模有 IPO 需求后，可以转介给投行业务线提供上市服务。第三，摩根大通有着巨大的资产负债规模，可以帮助其在内部实现资金运用和定价的优化，开展大型的重资本业务，并且更好地抵御市场波动风险。第四，基于全能服务型在业务规模上的优势，可以最大化中后台运营体系投入的价值，有效节约成本，提升效率。

第六篇　能力篇：
蝶变放飞　寻找诗和远方的田野

——交易金融不仅需登高望远的眼光，更需脚踏实地能力建设

不管选择以上哪一种模式作为转型方向，交易金融的成功都离不开一系列基础能力的塑造和持续建设。中国银行业正处于由数量型转向质量型的转型换挡期，提升基础能力，不仅有助于交易金融建设，更是推动中国银行业从数量型转向高质量发展模式的时代选择。

第一节　资源配置：换个角度去考虑

交易金融是对传统银行价值链的革新在配置资源方面的挑战首当其冲，银行决策者要换个视角，从交易和客户的角度出发点来进行有限资源的部署配置。

一、精细配置：献给“爱人”的礼物

受限于信息化程度不足、管理水平有限等因素，传统中国银行业在一定程度上还体现为“行政性”的配置机制，即便经历了银行业改革、现代公司治理框架构建，依然摆脱不了贷款规模、资金配置的影响，这样产生两方面的问题：（1）缺乏针对性，搞不清楚是否把最好的给了最应该给的客户。（2）资源低效，随着强监管时代的到来，资本压力、风险限额等资源愈发稀缺，难以支持银行的长期发展。

换个角度，从交易金融视角出发，先捋一遍银行的客户重要层级——找到谁是最爱的人——这点很重要，不是逛凭借贷款、存款规模的大小顺序，而是依托更精细化的指标，如，交易热度、客户黏性、风险资本消耗、营收潜力等角度，去判断哪些客户真正具备长期价值。

通过对这些客户的深度分析，结合银行经营发展战略目标，配合国家产业政策方向，把最好的资源献给“最爱的人”是交易金融在资源精细化配置方面的新思路和创新；从另一个角度，精细配置是交易金融成功的关键，否则后续的供应链、专注行业也无从谈起。

在具体操作层面，业界已有一些经验，例如，以每单位资金投入所产生的净风险收入和每单位存款所消耗的银行资源为考量维度，分为给予者、接受者和消耗者等三大类，“给予者”是银行资金的创造者，以较低的成本为银行获得了较多的资金，且消耗资本少，同时贡献了较好的收入，对于交易金融有战略价值；“消耗者”与之相反，消耗资源较多，收入贡献较低，银行应审视其吸引力，适当降低其优先级乃至舍弃。“接受

者”一方面消耗较多的银行资源，另一方面贡献较多的收入，是银行可合理发展，保持稳定增长的客群，通过采取更严格的客户组合管理流程，将紧缺资源部署在更具有吸引力的领域，并舍弃其他吸引力较低的领域，从而击败竞争对手。

二、别忘信贷：让贷款变得有弹性

传统的中国银行业的典型特点：重资产、重贷款；且贷大、贷长、贷集中。这种模式下，一方面紧跟中国经济快速发展的步伐，促进了中国银行业综合竞争力的提升；但另一方面，也客观形成了“资本高能耗”“贷款尾大不掉、转型困难”的情况，尤其是《巴塞尔协议 III》在中国全面实施，依赖贷款拉动的传统银行经营压力备受挑战。

交易金融本身是“轻信贷”的，但为了银行的持续健康发展，在推动交易金融业务的时候，也不能忘记信贷业务，这包括两方面：（1）控制好信贷风险。（2）腾笼换鸟，整合信贷资源，腾挪出交易金融的发展空间。

1. 信贷存量转向流量，创造有弹性的信贷管理能力

交易金融的作用是通过打造“资产的旋转门”，通过与各类机构的合作，如与保险公司、基金子公司、社保基金管理人的交易，实现发行分销的直通式服务，在盘活存量资产、减轻风险压力的同时，创造额外的收入。而要实现这样的直通式服务，银行特别需要加强对金融同业投资需求的了解，以欧洲市场为例，许多保险公司希望增加对企业资产的配置以分散投资风险，但他们通常缺乏对一般企业信贷资产的了解和信贷风险管理专业性，而这恰恰是银行的核心竞争力；对于银行而言，为了实现信贷资产的“再创造”与“流转”，银行需要具备较强的投行和金融市场能力、结构化产品创设能力、承销能力以及信贷组合综合管理能力，并打通信贷与金融市场部门间的壁垒，从分润机制、精细化的管理会计和内部资金转移定价等方面支持“信贷资产转移”的顺利进行。

需要特别强调的是，对于中国的银行业而言，尽管资产证券化类业务在过去实现了快速发展，但鉴于其整体交易结构复杂、利益相关方繁复、可能涉及跨监管管理，在实际进行证券化工作时，银行特别需要在产品创立、交易结构设计、发行和交易等不同阶段明确各参与主体的责任认定，确保做到真正意义上的风险隔离。

2. 挖掘信贷内涵，加大派生效用

随着客户更加多元化，如上市公司、科技企业和地方政府的金融需求日趋复杂，银行在提供综合金融解决方案时要充分发挥自身在资金来源和交易设计中的重要地位和优势，强化投行和资产管理能力，在债券承销外，与证券、直投、国有资管公司、私募基金等多牌照子公司合作，针对不同行业采用投贷联动、基金类融资以及 PPP、产业基金等方式提供更加多元的融资产品和服务。与此同时，风险管理条线需要与产品及前线业务人员紧密合作，提高业务人员的风险敏感性，加强由于业务创新带来的新风险管控，避免出现在资金募集过程中误导销售或资产发起中债权不清、集中度过高而导致的风险传染、刚性兑付、声誉受损等重大风险。

第二节　服务升华：银行化身行业智库

摩根大通的口号："我们是行业解决专家"。可见，通过对行业的深入理解，深刻体验行业痛点，才是交易金融服务的制胜之道。

一、寻找良方：先要摸准"痛点"

要在当今的交易金融市场中胜出，银行不仅需要将企业按照规模分类，还需要视自身的发展阶段和市场竞争情况做进一步的行业细分，这主要体现在两方面。

1."病万变，药亦万变"，先要找"痛点"

客户的"痛点"是不同的，解决方案当然不同，需要差异化、个性化的考虑和安排。传统银行的信贷产业政策、行业政策，其实就是一种差异化的金融设计，从交易金融适合拓展的领域来看，包括能源和公用事业、交通运输、金融服务、医疗、政府、教育和社会服务、房地产和建筑等，这些领域的最大一个共同点就是大家都"不同"。

例如，能源行业从订单到付款的支付周期和贷款需求都较为复杂，需要银行具备了解行业的专家；大宗商品市场价格波动剧烈，需要使用对冲及其他金融交易工具；护理和医疗产业在医疗保险支付周期较长、存在可能的医疗纠纷、医疗设备投资较大等方面存在痛点；科技与健康行业往往缺乏可简单估值的抵押物，收入增长迅速但盈利压力较大，传统的金融技术难以较好地去评价其风险，存在融资难和融资贵的痛点。

因此，交易金融首先要摸清行业的情况，找到客户真正的“痛点”，“再照方抓药”，方能“药到病除”。例如，根据能源行业痛点，围绕支付提供现金管理产品，并提供相应的信贷组合产品和大宗商品衍生品合同去帮助客户管理风险；对于护理和医疗产品的“痛点”，可以提供定制化的融资和保险产品，如配合保险赔付期间提供小型诊所短期融资或长周期应收账款质押融资等。如对于科技与健康行业，美国硅谷银行与硅谷知名的PE和VC培养长期的战略合作关系，借助风险投资合伙人的资源为银行推荐企业客户，自己建立专业化的授信能力引入行业专家来主动管理相关的信贷决策。

2. 客户定位的行业化促进交易金融专业化

客户定位的行业专业化将为交易金融带来营销和产品方面能力的提升：

（1）营销能力提升。银行按行业组织的客户经理团队将更迅速、准确地理解客户的金融需求，能够使客户与高管展开更深入的对话，快速形成信任感，并且在行业内建立银行的口碑，通过同业推荐更低成本地开拓客户。

（2）产品设计能力升级。银行需按行业组织产品团队，依托对行业增长前景、发展风险的预判以及估值技术等专业经验，更高效地做出贷款定价决策，甚至根据行业或者个别重大客户的需要量身打造解决方案。

3. 不仅仅是大银行，大家都可以参与

行业专业化不只是全能服务型银行的选择，同时也是中小型银行形成差异化竞争的一种路径。大型银行有更多的资源，可以开发更多的产品和解决方案，所以中型的银行如果想要跟他们竞争就必须要专注于特定行业，可以选择若干个快速增长、有一定门槛的行业进行深耕，通过与客户的深入交流，发现行业“痛点”，然后从价值链的角度对一个行业的理解进行整合，最后找到制胜模式。例如，美国波士顿银行（现已被美国银行收购）在20世纪末美国中型银行中表现非常突出，原因就是他们改变了跟客户打交道的方式，建立了行业的垂直整合。波士顿这个城市素来以其教育行业出名，波士顿银行就针对其大学、技术学院、学生以致整个教育行业提供有针对性的产品，从而获得了庞大的市场份额。

二、做足专业：如何成为专家

国内的交易金融可考虑通过五项举措落实行业专业化能力建设：（1）招募行业专家。例如，国内银行已经开始针对能源行业，招募了能源业务分析师和石油工程师，以充分理解和满足客户的需求。（2）了解行业特性和金融需求。例如，针对现金流回报周期长、专业行业多、参与方情况复杂的绿色金融等的产品，银行已经开始开发符合政府、开发性金融机构、企业、公众不同需求的产品。（3）设计产品包。要改变“一刀切”式的贷款和现金管理，为独特的行业资产设计贷款结构、抵押品、风险指标，沿着产业链上下游深挖市场份额。例如，针对电信行业，为电信运营商提供采购金融、网络建设融资、数据代理商融资等特色产品。同时，针对上游的设备供应商和终端制造商，提供贸易融资、经销商融资、应收账款融资等解决方案。围绕以运营商为核心的供应链，积极提供特色的产品包。（4）设计营销策略。行业专业化不能止于案头研究和产品创新，而是需要形成在营销上切实的优势，要与主管政府部门、行业协会、龙头企业等建立长期合作关系和营销覆盖体系，扩大在行业内的影响力，长期投入资源，逐渐形成强大的口碑和客户网络。（5）明确准入筛选客户名单，基于行业研究，了解行业进入门槛，然后通过上市企业目录、民营企业名录、行业龙头企业名录等，筛选得到 100 名重点目标客户，形成行业重点客户的长 / 短名单，为长期业务合作和筛选资源投入重点打下基础。

第三节　客户管理：差异化的交易金融客户“朋友圈”

面对日益激烈的市场环境，形成差异化的客户覆盖模式是银行对外满足客户需求，对内充分调动内部资源和积极性的一大关键。银行的客户管理应根据客户需求复杂度、客户重要性等要素对超大、大型、中型企业客户形成差异化的销售覆盖模式。

一、分层策略：差异化的交易金融“朋友圈”

1. 超级客户：结交“巨无霸”

应针对央企集团、政府机关、行业龙头、上市企业等关键客户开展“总对总”营销和名单制管理，由总行大客户部组建营销小组，酌情配备资深的客户覆盖资源，负责大客户的业务拓展、方案设计，牵头整合全行资源进行综合服务。为了充分发挥大客户部的作用，需要赋予大客户部跨部门业务协调权和与分支行的合作机制，一方面，实现大客户部可以去整合、协调，调动全行各个业务板块及部门的资源；另一方面，在落地服务中，与分行配合，建立双边记账的分润机制，充分调动分行积极性。

2. 大型企业：建立稳定伙伴

以分行营销团队负责人为领导，充分协调和整合分行各部门资源，共同服务于大型企业客户，分行牵头团队负责人制定总体方案，并且作为中心协调人，客户经理是实际业务操作人员，产品经理提供专业支持，并在必要时引入券商、基金等其他牌照金融机构，总行的定位在于必要时的沟通支持，以及跨分行的资源协调。

3. 中型企业：组合营销

建议采用“客户经理＋产品经理”的覆盖模式，客户经理负责营销、方案制定、整合和协调分行及支行资源，产品经理提供专业支持，团队负责人在必要时对业务进行管理指导，并及时与客户沟通，提供支持。

4. 小型企业：批量推进

传统银行由基层网点中的客户经理完成客户覆盖，可以尝试采用创新的互联网金融模式，在网点不足地区建立移动客户经理团队，为移动客户经理配备笔记本电脑和远程办公室软件，配合移动 APP、社交、直播平台等多种新兴载体，为客户提供远程服务，从而提高营销与运营效率，降低成本。

二、销售管理：适用于交易金融的业绩管理

除客户覆盖模式之外，如何针对一线客户经理进行更加有效的销售管理和考核也是许多银行面临的难题，国内银行的客户经理过去普遍依靠

个人关系进行销售，同时由于专业的局限性，往往仅专注于简单的信贷产品，未来随着交易金融业总体对信贷业务依赖度的降低以及从单一产品向交易金融、投资银行等综合解决方案的转型，对一线客户经理的销售技巧、效率、专业性等提出了更高的要求，销售业绩的主要指标包括：（1）深入的客户洞察。指导客户经理针对客户进行钱包份额分析，制定销售计划，从而更好地确定优先客户，设计针对不同客户的销售方案和交叉销售产品。当然，这些方法的广泛应用还需要完善的数据基础和分析工具的支持。（2）有效的定价管理。包括价格的制定、调整和追踪，定价流程的规范及基于价值定价的绩效考核，其核心是规范客户经理的定价行为，实现价格和利润的优化。（3）完善的人才策略。包括客户经理的招聘、培训、晋升、挽留、淘汰等，其中，国内银行最需要关注的是如何通过合理的晋升通道来提升客户经理的积极性，同时增强其综合服务能力，包括客户经理在专业序列的纵向晋升，以及在管理序列、行政序列的水平移动等。（4）高效的中后台支持。通过电子化工具简化大量繁琐的销售支持和行政工作，从而解放客户经理的时间，更好地面对和服务客户。

可以说，差异化的客户覆盖和高效的销售管理是交易金融管理专业化、精细化的集中体现。

三、超越“对公”：对公板块“跨界”零售

交易金融是传统的对公业务，但不能眼光局限在对公客户，而是要跨越对公客户，在对公板块中实行“跨界”零售，关注零售业务的空间。例如：摩根大通银行有相当部分的消费金融客户（零售客户）都是源自于交易金融板块的公司客户挖掘出来的；浦发银行总结的交易金融重点客群的5个特征，聚焦弱周期、大流量、高频度、轻资产、公私联动特色的重点客户，也非常强调对公客户中对于零售的关注和反哺，主要应把握两方面要点：

1. 推进公私联动，巩固客户资源，提升客户黏性

公私联动旨在依托商业银行完备的产品序列和快速响应的服务团队，为客户提供综合化、“一站式”的金融服务解决方案，在满足客户综合性金融服务需求的同时有效降低客户的时间成本与资金成本，从而显著提高客户的满意度和黏着度，建立客户与银行长期而牢固的情感联

系和合作关系。公私联动一方面是为了零售业务，但反过来又巩固了“公”的优势。

2. 发展公私联动，完善内部经营管理机制

随着客户需求多元化和金融产品同质化特征的日益明显，商业银行推行公私联动营销能够有效促进跨业务条线协同合作，加强总分行部门联动有助于打破业务的渠道壁垒，理顺前中后台间信息传导机制，建立以客户导向、资源整合和及时响应为特征的经营管理机制，实现从部门银行到流程银行的转变，从而进一步深化经营管理体制改革。尽管目前我国大多数银行都已经完成了股份制改造，建立了现代公司治理模式，但与完全的商业化银行具有一定差距，内部管理仍延续了行政化的特点，内部业务联动机制的综合效率相对较低，通过交易金融对零售业务的切入拉动，在一定程度上也有利于提升银行的组织活力和弹性。

第四节　价值管理：基于共享理念的交易金融考核定价

植根与互联网思维的交易金融业务，产品和业务模式独特，具有共享、互联、链条的特点，给传统的计件考核、业务量考核的银行考核体系带来了冲击，如何准确衡量交易金融的价值创造，是形成有效激励，保持持续发展的重要命题。

一、激励陷阱：员工为什么提不起劲

员工为什么提不起劲很大程度上是考核和激励的机制上有了问题，目前，在中国交易银行领域的业务考核管理方面较国际先进银行还有一定的差距和不足，在某种程度上制约了业务发展，对员工激励效果也打了折扣。主要体现在：

（1）产品定价僵化，如客户贡献的收入减少后仍然持续过去在批量购买服务时所享受的折扣幅度，敏感性不强。（2）客户价格弹性不够，缺乏差异化定价原则，提供折扣的标准和原因不明确，对部分价格不敏感的

客户提供了不必要的折扣。（3）缺乏定价全周期管理，如客户停止购买捆绑产品中的一项细分产品后，仍然享受之前的捆绑折扣。（4）价格纪律不严，特别在基层网点和分支机构，价格执行自律性偏低，缺乏足够的定价治理体系。（5）价值管理的内涵有待完善。在传统的银行考核中，往往仍是以边际成本定价而非价值定价，稀释了总利润。（6）成本与客户的对应关系有待完善，如很难把每一块钱成本对应到哪个客户，未对较难计量的服务、定制化内容以及其他间接费用收费。（7）定价调整更新不够。由于缺少相应的调整机制，导致定价的依据过时，没有根据通胀、社会环境政策变化及时调整。

二、鸡血在哪：基于价值理念的交易金融考核定价

针对当前交易金融考核管理方面的差距，可利用先进的精细化管理工具，站在价值共享的理论高度上，探索适用于交易金融的考核定价机制。

1. 要合理设定价格水平及结构

在目前国内市场中，交易金融客户定价的计算过于简单，缺乏成本估算的科学方法，定价缺乏指导性；信贷资产的风险等级与最终定价的关联性低，风险定价的能力亟待提升。定价需要反映所有有关的成本要素，如资金、风险、资本和运营成本，并且要充分考虑竞争环境的差异，如与竞争对手的价格差异是否符合银行自身战略，对银行在市场中地位的影响等。

2. 要形成差异化的价格

目前中小银行普遍未针对客户特性（如规模、与银行的关系）、产品使用（如业务量、贷款期限）等因素制定定价指引，依赖一线人员主观判断价格优惠标准，因此，银行需要探索如何按客户未来对银行的预期综合收益提供差异化定价，在定价指引中，明确定义对于有不同潜在价值的客户能够提供的优惠幅度。

3. 重视最终定价

客户经理的议价能力和意识有待提升，银行普遍缺乏辅助客户经理议价的工具，例如帮助客户经理了解并分析类似客户的成交价格，技巧缺乏和信息不透明造成在最终定价环节的价值损失，因此，建议银行对于低于指导价格的优惠业务建立明确的审批流程和授权机制，严格追踪成交价与

指导价格的差距；同时加强客户经理的议价意识和技巧，透过议价培训和经验分享，帮助客户经理建立议价能力。

4. 追踪和调整定价

银行业务的市场价格归集缺乏纪律及严谨性，过分仰赖客户经理单线提供反馈，有时存在偏差，缺乏跟踪业务申请时所承诺的业务及收益与最终事实表现的客观对比，因此，建议银行一方面加强对重要的市场因子的追踪以及对银行业务定价影响的分析，作为定价的指导因子；另一方面依托 IT 系统，加强对市场价格归集、对比和考核的时效性，灵活调整定价。

5. 定价流程

银行定价的流程存在区域之间不一致，业务之间不一致，甚至行长之间不一致的情况，这背后反映的是没有清晰的授权规则、负责部门和标准化流程，因此，建议银行对于不同程度的折扣，订立完整的审批权限和审批流程，确保价格制定的标准化、透明化。

6. 绩效考核

为了满足上述定价能力的提升，最好的抓手是将定价体系的建设与绩效考核挂钩，激励一线业务人员和归口管理部门重视基于价值的定价体系的建设。

第五节　创新驱动：打造数字化和运营保障平台

互联网时代，唯一不变的就是变化——拥抱创新、把握创新、应用创新已成为银行的共识，但同时也遇到两个亟待解决的问题：一是往哪个方面去想；二是如何知行合一。

一、要飞得高就要提升多层次“云数字化”创新能力

纵观全球银行业的数字化发展，许多“数字化先锋”已经充分意识到了客户需求的深刻变化，正在以端到端的方式改变交易金融的业务模式，从客户洞察、产品创新、渠道优化到增值服务，数字化的影响无所不在，这主要体现在：

1. 客户洞察平台

卡拜智（Kabbage）是美国一家专门为中小网店提供运营资金支持的公司，通过与 Google Analytics、Quick books、UPS、Facebook、Twitter 等美国大型机构合作，并分析店铺信息（如商品浏览数、评价、税务登记号等）、预付款可用余额、经营情况（如销售量、库存、营收等）和社交网络上与客户的互动等资讯和数据，生成独特的信用评分报告，进而向网店提供商业预付款，收取一定的费用。相较于传统银行以获取财务数据为主的评估方法，Kabbage 通过对多元数据的综合分析，可以更加深入了解网店的实际运营情况与金融需求，进而提供风险承受范围内的更定制化的产品和服务。此外，美国 On Deck 与谷歌合作利用大数据分析专长（平台），自 2007 年以来向 2 万多家中小企业发放了超过 10 亿美元的贷款（平均贷款 3 万美元）。

2. 数字产品创新平台

星展银行针对中小企业金融服务和业务成长需求，推出了以满足日常账户和现金流管理为主的 APP——IDEAL3.0，不仅可以自定义主界面、账户总览和报告，实现便捷的线上交易功能，更针对中小银行现金管理需求开发了线上“星展运营资金试算”工具，客户仅需在线上填写所处行业、销售额、应收账款、库存、应付账款等基本信息和数据，即可获得企业运营资金初步分析，包括账期预测、流动性分析及行业对标等信息。

3. 渠道优化平台

渣打银行针对交易金融业务打造了手机移动门户“Straight 2 Bank”，为机构和商业客户提供现金、贸易、外汇和证券服务，该移动应用确保财务人员和首席财务官可以随时随地批准现金和贸易交易，实现了交易金融的移动化和 7×24 不间断服务。

4. 增值服务平台

英国巴克莱银行推出了面向中小企业的增值服务 My Business Works（MBW），以数字化增值服务迎合中小企业客户的非银行类需求，具体内容包括财务软件、业务规划、法律文件撰写、网站设计和电子化业务学习等，用户只需一次登录即可享受 MBW 的全套服务，按月收费，受到了市场的欢迎，让巴克莱逐步发展为专注于服务中小企业的“一站式”银行。据统计，该服务推出当年，新增初创公司客户数量增长约 30%，新签客户数量从 2011 年的 85000 增至 2012 年的 110000；新增中小企业客户数量的增速约为 25%。

综上，数字化在交易金融的重要性和影响力正快速提高，已经成为许多领先机构的业务模式，结合当前互联网时代的发展，可重点关注与交易金融紧密相连的八大领域：无抵押贷款、商户现金预支、保理、电商合作平台、泛 P2P、特定行业解决方案、股权众筹和资产交易平台。金融机构综合考虑市场空间和自身的资源禀赋，选择适合自己的发展方向，通过自建、合作、合资等灵活的手段，建立数字化能力。

二、要能“落地”就要解决交易金融的“最后一公里”

技术千变万化，真正的考验不是是否能玩转这些概念，而是否能落地，能否真正解决交易金融发展中的问题，改善效率。从中国银行业交易金融的实践看，运营管理上最大的运营短板不是理念、战略、构想甚至方案设计，而是在银行和客户之间的“最后一公里”，即如何完成“点对点”的流程跑通，如贷款周转时间、开户时间和客户经理销售时间等。如果能够进行流程优化，不仅可以节省成本，还可以提升用户满意度，对银行受益甚大。（见下图）

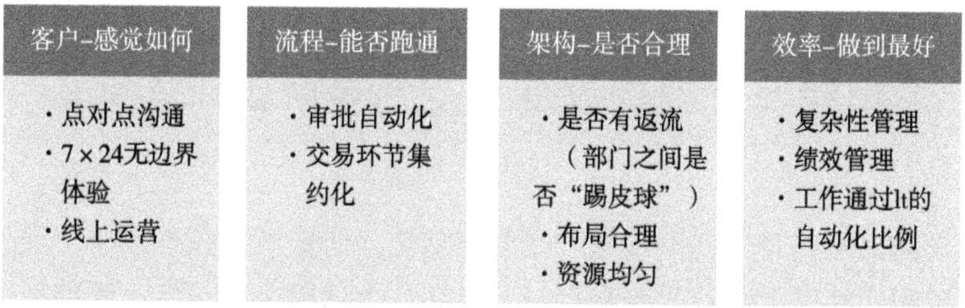

图 6-1　交易金融业务运营效率四因素划分示意图

为了实现运营效率的提升，打造交易金融的卓越运营，除了在架构和制度上进行优化外，更重要的是利用 IT 能力去提升运营效率，解决“最后一公里”的问题，同时节约成本、降低操作风险，主要包括以下方面：

1. 建立适应数字化的 IT 架构

建立真正“多渠道”的前端，保证各个渠道能够灵活接入，互相集成；加强数据治理，确保数据的一致性、完整性、保密性和安全性，建立数据仓库，为未来的大数据运用打下基础；保持架构开放性和松耦合性，对来自行业 IT 或第三方供应商的数据和应用可以实现快速整合和升级；注重经济性，确保核心系统架构的灵活性，建设统一的后台系统更新与维护，确保技术一致性。为新业务试点提供数据环境，支持在很短的时间内测试并学习新创意和应用。

2. 改进开发模式与治理

建立快速敏捷的开发流程，以“工业化”“定制化”和“敏捷化”为目标，实现多种模式的开发方案；IT 项目的组织、管理与协调，需满足快速迭代的要求，并与遗留 IT 系统相兼容，建议在项目操作中边用边学，缩短开发和实施周期；优化数据库和系统的横向治理，完善数据共享政策、数据安全与保密规范。

3. 吸引金融科技专业人才

针对特定技能（如互联网产品经理、大数据建模）制定招聘策略，提供较高吸引力的薪酬和激励；建立稀有资源（针对大数据、行业方面的专家）的归集制度，建立能力中心和专家网络，支持整个集团的能力建设。目前中国银行业人才市场中，懂业务、技术好的金融科技的专业人才最后青睐，已经成为各家银行争抢的目标。

第六节　架构改革：交易金融组织之变

交易金融的转型并不是从无到有的重建，而是需要在尊重和有效利用现有资源的基础上进行改变和创新，但在这个过程中也难免需要推翻一些已有的理念和实践，因此，必须在转型中处理好传统与创新、存量与增量之间的关系。

一、顶层设计：最适合的才是最好的

转型过程的顺利推进需要明确的责任机构和清晰的管控架构。比如，可以建立专职的项目推进办公室，全权负责项目的管理，同时明确组织内部各相关方在转型过程中的责权利、参与时间、参与方式、争议解决机

制等。

同时，在选择转型方案、安排实施路径的过程中，要从顶层入手，结合战略目标来选贤任能，找到“最适合的”的模式，这里注意把握三点：（1）先需要明确转型的目标以及如何评判转型成功的标准，确定适合自己的模式。（2）编排顺序，循序渐进，对转型过程中的不同行动和举措进行适当的优先排序。（3）目标导向。考虑引入一些实现转型或改革目标的工具，确保转型过程的可控性，如设置阶段性目标、定期汇报和进度检查机制等。

二、最难是人：“拆庙容易换人难”

“拆庙容易换人难”，人的安排永远是改革和转型的最大挑战。在这方面，除了注意总结中国改革开放多年来的经验，借鉴国际上好的做法，还可针对交易金融的业务特点从以下两方面考虑：（1）顶层设计、领导推动。领导层是转型的最终责任人，因此不管是转型的目标还是方式，都需要得到领导层的充分理解、认可和重视，并由其亲自推进。在这个过程中，需要确保领导层投入足够的时间和精力到转型进程中，还需要确保领导层内部意见统一。（2）全员参与、公开透明。交易金融转型涉及部门多、条线多，因此需要通过大量的动员和培训确保员工对转型背景、目标、方式的理解，让每一个人能够预期转型对自身的影响，并通过过程和信息的高度透明，安抚员工的不安全感。此外，凝聚员工中的“意见领袖”，加深其对转型过程的参与常常能对更广泛范围内的员工带来正面影响。

第七篇　风控篇：揭秘交易金融风险

——交易金融不是零风险，警惕传染性和链条化

交易金融有没有风险？答案是肯定的。相对而言，交易金融由于更关注企业交易和资金流转过程，因此类似信贷业务那样的信用风险相对较少，并且风险权重一般也远低于贷款，对资本的依赖更轻，基于此，大家往往容易忽视交易金融风险，但其一旦发生，后果也不堪设想。

交易金融的风险“看上去很美”，与传统的信贷风险不同，具有链条化和传染性等新的特征，一旦失控会发生如“钢贸不良潮”等恶性风险事件，也会给银行造成经济、品牌等多方面的重大损失。

第一节　危机意识：交易金融拒绝“零风险”

交易金融风险管理的首要问题，还是正确认识和看待交易金融背后的风险实质和特点。银行是经营风险的机构，风险意识是每名银行员工的“自带属性”，因此，不能简单地把交易金融看待成“低风险”，甚至“零风险”，而是应当基于统一、规范、标准的银行风险管理理论和实践基础，结合交易金融的风险特点，统筹制定适应现阶段交易金融业务特点的特色风险管控机制。下面，我们采取“用事实说话”的原则，通过对历史上发生的交易金融真实案例来认清交易金融的风险内涵，总结其本质和特点。

一、信用风险：关注“链式反应”

交易金融业务主打轻量级、低信用风险的业务，但“低风险”是相对而言，如果管理不当，也会转化为严重的风险事件。从国内外交易金融的实践经验来看，最突出的风险依然是信用风险，其中信用风险既包括核心企业信用风险，又包括上下游企业信用风险，还包括对于抵押资产管理的剩余信用风险等多种类别的信用风险。

1. 核心企业信用风险

在交易金融供应链融资中，核心企业经营状况和发展前景决定了上下游企业的生存状况和交易质量，一旦核心企业信用出现问题，必然随着供应链扩散到上下游企业。

2. 上下游企业信用风险

虽然在产业链信用产品设计过程中，交易金融通过多重信用支持技术结合交易信息化等技术手段一定程度上降低了上下游小企业自身的信用风险，但其抗风险能力差等问题依然不容忽视。

3. 抵押资产管理的剩余信用风险。

抵质押资产作为供应链融资业务中的第二还款源，其直接影响银行信贷资产质量和回收成本，如供应链融资项下的应收账款类的风险在于交

易对手信用状况、应收账款账龄等；而存款融资的主要风险则在于质物状况、价格波动以及变现交易程度。（见下图）

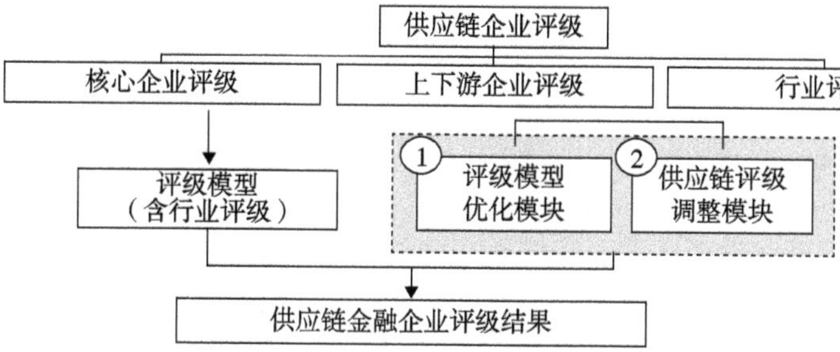

图 7–1　交易金融供应链企业评级体系示意图

在交易金融业务中传统的企业内部评级模型需要进一步优化，尤其是对于供应链上下游企业不仅需要考虑自身偿债能力，更要将核心企业增信、供应链整体运营效率、供应链整体资金流情况等考虑进去，因此，对于供应链上下游企业除了企业自身评级模型以外，还需要增加供应链整体评级调整模块。

此外，在交易金融下供应链金融平台化和生态化发展的大趋势下各种交易数据更加可信，在掌握大量动态客户交易信息之后，由静态财务数据为主向动态经营数据为主的评级模型支持数据的变化将进一步得到广泛的应用。

专题与讨论 7：2014 年长三角“钢贸企业”产业链不良贷款案例

据 2014 年 4 月份的《中国证券报》报道，2014 年在长三角爆发钢贸企业的整个产业链的不良贷款恶性风险事件，几乎没有银行能够幸免，2013 年，上海地区浦东新区法院受理了钢贸类贷款纠纷 2500 件；2014 年第一季度，就达 1051 件。

2013 年，上海浦东地区银行的钢贸涉案金额为 190 亿元；2014 年一季度涉钢贸类贷款就达到 114 亿元，钢贸类贷款案件仍呈大规模爆发态势，由于上海地区股份制银行的诉讼几乎都集中在浦东新区法院，上述数据具有极大的代表性。

钢贸不良贷款是基于供应链发放的融资产品，具有链条化、产业化、传染性的特点，基本上每个案子都有 15 个左右的被告，涉及到借款人、保证人、抵押人、钢贸企业，有的还有仓储公司，好多法律关系混在一起；每个被告一套材料，一个被告又涉及到借款合同、放款凭证、保证合同、抵押合同、仓储监管合同，还有和钢贸商的三方协议……等。

例如：钢贸贷款中有一款非常“致命”的产品叫“厂商银”，几乎每家银行都有，简单概括就是银行为某大型钢厂的经销商根据销售额提供授信，如果钢材卖不掉，则钢厂承诺回购；如果银行为经销商提供的贷款无法追回，可以向上游的大型钢厂追索。

资料来源：2014 年 4 月，《中国证券报》（www.xinhuanet.com）

二、市场风险：吸取“赫斯塔特”教训

交易金融中现金管理类风险管理产品主要针对企业在贸融中产生的外汇风险敞口提供套期保值服务，银行作为企业的交易对手提供针对外汇风险的代客衍生品对冲业务，其承担的衍生品市场风险需要通过“背靠背”交易等策略进行平盘和管理，交易金融业务的参与方多，可能一笔业务就涉及到不同国和地区，数十个上下游供货商。在这个过程中，市场风险驱动因子自然会有所体现，以美国银行为例，该银行在实施全球现金管理服务方案的时候，会有专门的模块来评估市场风险，涉及利率、汇率、股票、商品价格等等。

历史上，银行由于跨境交易风险而遭受损失的事件有很多，最经典的要数 1974 年的德国“赫斯塔特银行交易失灵倒闭案”。

20 世纪 70 年代，德国赫斯塔特银行以外汇交易金融业务著称，一度总资产高达 207 亿德国马克，1973 年布雷顿森林体系瓦解，国际市场汇率振幅增大，导致了这家银行损失惨重。1974 年 6 月的一天，在赫斯塔特银行宣布破产之前，美国的交易时间刚刚结束，美国许多银行刚刚向赫斯塔特银行发起了换汇交易，赫斯塔特银行业收到了这些款项；但在这家银行收款时，德国交易时间还没有开始，因此无法及时支付对应的外汇，因

此，当德国进入交易时间时，赫斯塔特银行已经宣告进入破产程序，无力支付给美国众多交易对手对应的款项，导致了美国很多银行由于“赫斯塔特银行”这个交易对手而造成大量损失。此外，2008 年美国次贷危机中，华尔街顶级投行之一——贝尔斯登公司垮台背后也有跨境市场风险的推波助澜，最后惨遭对手收购的教训。

三、操作风险：流程长，环节多

流程因素导致的操作风险管理成为交易金融风险管理的另一重点领域。随着交易金融的生态化、场景化生长，流程长、参与方多，自然带来了更多的风险隐患的潜在风险点，通常，银行在设计交易金融产品的时候一个必备环节就是安全流程设计。通过自偿性的交易结构设计及对物流、信息流和资金流的有效控制，通过产品设计和运作制度的完善性、操作环节的严密性等对业务操作风险进行合理的管控。

四、科技风险：宕机与瘫痪

互联网时代，银行交易金融业务早已与科技融合在一起，银行业务连续性是一套基于业务运行规律的管理要求和规章流程，使一个组织在突发事件面前能够迅速做出反应，以确保关键业务功能可以持续而不造成业务中断或业务流程本质的改变，因此，香港金管局在进行交易金融风险提示的时候，专门提到了科技风险（如系统稳定性、连续性等）对于交易金融的风险影响。

专题与讨论 8：宕机阴霾，交易金融阿喀琉斯之踵——银行交易金融业务系统科技风险专题

据搜狐网报道，2017 年 9 月某日某 IDC 服务商机房因为电力负载过高造成配电柜开关跳闸，供电中断，空调停止运行，业务中断，后果是直接导致使用该机房作为数据中心的中国某商业银行交易业务全部瘫痪，从而引起很大的社会反应，对客户利益和银行品牌信誉造成了较大的不良影响。

随后不久，中国银监会发布《中国银监会办公厅关于银行业金融机构数据中心基础设施外包风险提示的通知》，通知要求，银行业金融机构要高度重视，开展自查，从加强外包风险管理，加强对基础设施主动管理，提高业务连续性管理水平等三方面采取防范和应对措施。

其实这已经并不是金融行业第一次出现大型机宕机的事件了，早在 2010 年新加坡的星展银行和 2011 年的美国银行都出现过大型机宕机的事件，对此，中国银监会某位人士曾指出，如果银行系统中断 1 小时，将直接影响该行的基本支付业务；中断 1 天，将对其声誉造成极大伤害；中断 2–3 天以上基本上声誉无法恢复，将直接危及其他银行乃至整个金融系统的稳定。

调研机构 Qualix Group 曾有一组数字说明不同行业关键业务中断带来的金钱损失：服务器宕机 1 分钟，平均会使运输业损失 15 万美元，银行业损失 27 万美元，通信业损失 35 万美元，制造业损失 42 万美元，证券业损失 45 万美元……这也从直接经济效益的角度解释了关键业务平台对于稳定性和可靠性的要求。

资料来源：根据搜狐财经和腾讯数码网站有关报道整理（www.sohu.com；digi.tech.qq.com）

除此之外，科技风险也不是总让人“谈虎色变”，如果准备充分，处理得当，也能从危机事件中把握先机。例如：2001 年美国“911”事件爆发后，当时纽约地区很多银行的业务一度陷入瘫痪，交易金融业务和系统宕机，但在当时美国摩根大通银行由于先前制定了良好的业绩持续性计划，在这个过程当中很快采取了备用计划，实现业务持续性，在危机中抢占了不少交易金融市场份额。

五、合规风险：不可逾越的“红线”

自偿性是交易金融下供应链融资最显著的特点，而自偿的依据就是贸易背后真实的交易，一旦交易背景的真实性不存在，出现伪造贸易合同等情况，银行在没有真实贸易背景下盲目给借款人授信将面临巨大风险，特别是交易金融业务的参与方多、交易链条长，其中任何一方的违规行为都会导致整个交易链的风险事件，损害各方利益。

随着全球银行合规监管的不断趋严，交易金融的合规风险在近年来有“高发”的态势，世界各个国家和地区的监管部门普遍都提升了对于贸易融资、现金管理等交易金融业务的合规和反洗钱审查，以美国为主的西方监管机构已对多家大型主流跨国银行开出巨额罚单，受罚银行的声誉损失更是难以估量，跨国银行的境外经营稍有不慎就可能触及监管红线。

从国际层面看，2012 年由于涉嫌对于哥伦比亚和墨西哥部分客户的交易资金合规问题，汇丰银行被美国政府罚款 19 亿美元；再比如 2014 年，由于客户资金交易中的违规问题，渣打银行被当时的美国纽约州金融监管机构罚款 3 亿美元，并且一度被终止为小型企业客户提供美元的交易金融业务。

从中资银行来看，交易金融领域的合规问题，尤其是涉及到跨境业务部分，也面临严峻的挑战。据 2017 年 1 月《国际金融》报道，2000–2015 年，据不完全统计，中资银行在境外因盲目扩张、风控薄弱、法律知识欠缺等因素引起的各类合规风险案件不下 10 起，其中，不少合规风险案件违反的是最基础和最简单的合规应知应会事项，但所受到的处罚对中资机构的冲击和影响却是深远的——许多中资机构为此付出了相当高的合规成本，一些事件甚至至今仍在困扰着其海外业务拓展，特别是 2016 年以来陆续曝光的某行马德里分行、某行米兰分行、某行纽约分行涉及的洗钱案件，所受处罚之严厉、影响之深远，更是前所未有。

六、流动性风险：资金跑量的“陷阱”

交易金融涉及表内外、境内外等各类资金交易行为，从形式上，交易金融的一个特点就是“资金跑量”，大量的资金高频、快速地流动，为企业和银行创造价值。日常大量资金流的背后，一旦在流动性方面的配置和管控疏忽，就容易形成资金跑量的“陷阱”，形成流动性风险的隐患。

交易金融领域发生的流动性风险事件不胜枚举，数不胜数，最为经典的案例之一是英国老牌银行——巴林银行的流动性破产案。1995 年，英国巴林银行在新加坡从事期货业务的明星交易员尼克·李森，由于在代理客户开展交易金融市场交易业务过沉重，犯了一系列失误，导致巴林银行集团的流动性失衡，最终不得不走向破产的命运。

随着今后一段时期世界主要经济体的中央银行纷纷进入“缩表”或者

加息的区间，预计全球银行业将面临流动性趋紧的严峻挑战，这无疑将加大交易金融业务过程中的资金流动性风险。

七、道德风险：诈骗和“飞单”的高发区

交易金融业务涉及到的参与方比较多，资金流动频度高、额度通常较大。因此，现金管理、供应链融资、代理支付等交易金融业务领域，一直是各类“飞单”和诈骗案件的高发区。这体现在两个方面：

1. 企业方隐瞒诈骗

例如：供应链融资中的核心企业若变相隐瞒交易各方经营信息，买卖双方虚构交易恶意套取银行资金或利用其强势地位要求并组织上下游企业向银行获取授信，进而再用于非供应链的体外循环，致使银行面临巨大的欺诈道德风险。

2. 银行方“飞单”违规

例如：据《中国新闻周刊》等媒体报道，2017 年 5 月，某银行北京分行支行行长伙同他人私自销售非本行理财产品，涉案金额高达 30 亿元人民币，构成对投资人的重大危害，被公安机关立案。这样的事件对于银行品牌信誉的伤害无疑是很严重的，需引起银行界的关注和重视。

第二节　风控之道：揭秘交易风险

基于对交易金融本质和特点的认知，银行在发展交易金融业务的过程中，必须要重视风险管控机制，即“业务”和“风控”两手都要硬。从国际大银行的经验看，在交易金融领域通常都建立了遵从全面风险管理原则，同时结合交易金融业务特点的风险管控体系。

从本质上讲，交易金融业务与其他的银行业务并没有很大的区别，因此，巴塞尔委员会发布了其有关的“八大风险”，即信用风险、市场风险、操作风险、流动性风险、国家风险、声誉风险、法律风险以及战略风险均适用，对此传统以“三道防线”为核心的银行全面风险管理架构对其来讲也算适合；同时，针对交易金融业务和风险的一些特殊性，还可以从

下面几个方面进行考虑。

一、对手传染：怕猪一样的队友，也怕猪一样的对手

交易金融领域涉及多个交易环节，因此，交易对手的风险有其独特性，国际上，常见的交易金融领域的对手风险包括：（1）持有头寸的结算交易。如与交易对手之间约定以债券、证券、商品、外汇、现金，或其他金融工具、商品进行的交易。（2）证券融资业务。如，回购、逆回购、证券借贷。（3）展借贷交易。即通过向银行贷款来购买、销售、持有或交易证券。（4）场外衍生工具交易。指银行与交易对手在交易所以外进行的各类衍生工具交易，如外汇、利率、股权，商品的远期、掉期、期权等交易合约及信贷衍生工具等交易合约。目前，在国际交易金融管理领域，银行对于资金交割等环节发生的交易对手风险通常采取信用展期、对称交割、银货两清、抵押品等形式在资金环节上设置缓冲和防火墙，来尽量交易对手风险的传染和蔓延。

二、通止阀门：警惕流动性危机蔓延

交易金融的重要载体就是客户和银行资金流的融通互联。因此，在控制交易金融流动性风险过程中，可以考虑通过设置客户可用信用额度，分散资金池等方法，对流动性风险进行提前预警把控，即便最终发生了某个客户的流动性风险事件，也不至于造成难以挽回的影响。如摩根大通对于供应链金融产品的各环节资金都进行了限额锁定，一旦突破一定的额度或者比例，就会自动锁定支付，需要重新审查相关资信情况，起到了流动性阀门的作用。

三、挑战诚信：警惕各环节欺诈风险

交易金融流程复杂，参与方众多，潜在的交易欺诈风险是较大的，特别是对于一些非授信类客户集群，往往忽视对其风险实质的把控，或者仅仅凭借单证来判断，而这些却常常是交易金融业务舞弊和欺诈的“高发区”。在国际上，在所有运营风险的规避方式中最重要的是银行系统要进行识别——银行要确保这个交易是否是真实的交易，即通过系统自动识别确认该交易是否真实；而且整个流程都要能通过系统自动识别风险。如果

这些交易来自于不同的系统，不同的 IP 地址，系统就可以自动识别出来这些交易是有问题的。

随着互联网时代信息技术手段的不断提升，银行已经在预防“输入性欺诈”方面摸索出了一些新的经验，例如：中国工商银行于 2012 年在国内同业银行中首家开发建成了外部风险咨询服务平台，并于 2015 年将其产品化，开发了“工银融安 e 信”，可为机构客户和银行提供反欺诈的“大数据屏障”。

四、“流程失控”：交易流程本身的风险

对于交易金融业务中的流程风险，除了在流程设计、岗位制衡方面进行考虑外，要关注输入的错误情况。因为无论是输入错误还是遗漏错误，都会带来巨大的风险。例如：花旗银行坚持推进银行无纸化建设，对于交易金融全环节“不落地”，杜绝手工输入；同时，对于越级流程的情况，本级审批授权会被系统自动上调，并按照金额和比例进行重新审核，在最大程度上避免“流程失控”。

五、系统之霾：一发而动全身的信息科技

交易金融的信息技术安全包括两方面，一个是物理性的安全，一个是逻辑性的安全；其特点是“牵一发而动全身”，对于交易性产品和服务为主导的业务影响最明显。交易银行涉及对手多、客户多、链条长，各类数据信息备份存储在不同的城市、区域、甚至国家，在这种情况下，科技信息传输和存储本身就具有相当大的风险。基于信息的背后是海量信息整合、分析的压力，如何能对这些庞杂信息中进行适当的梳理，找到适合自身的业务机会和模型是能否在交易金融领域胜出的关键所在。

交易金融的风险范围和范畴很广泛，包括了客户、客户群、行业、产业群，以及银行等所有相关参与人的全流程，还有管理风险、人力资源风险、声誉风险……因此，除了上面具体的风险类型和防控要点外，特别要认识到交易金融风险的全面性，站在全视角的格局看清交易金融的业务本质，从风险实质出发，按照风险为本的原则，构建全视角的交易金融风险管理框架，才能全面、准确做好相关风险的管理。

结　语

站在中国银行业交易金融转型战硝烟渐散的阵地上，展望蝶变2025中国交易金融魅力无限和更加美好的未来，我们显然已经不再需要用悲壮和哲理来鼓舞士气，而是更加需要登高望远的眼光和脚踏实地的建设。

参考文献和信息

图表涉及引用的资料已在文中标注，本书主要参考文献信息如下，在此向各位作者和机构致敬。

1. 查阅引用的公开资料信息网站

中国银行保险监管管理委员会（原中国银监会），www.cbrc.gov

国际清算银行，www.bis.org

国际货币基金组织，www.imf.org

世界银行，www.worldbank.org

中国工商银行，www.icbc.com.cn

中国农业银行，www.abchina.com

中国银行，www.boc.cn

中银香港，www.bochk.com

工银亚洲，www.icbcasia.com

中国建设银行，www.ccb.com

交通银行，www.bankcomm.com

中国招商银行，www.cmbchina.com

美国银行，www.bankofamerica.com

美国摩根大通，www.jpmorganchase.com

美国高盛，www.goldmansachs.com

美国富国银行，www.wellsfargo.com

美国花旗集团，www.citigroup.com

美国摩根士丹利，www.morganstanley.com

西班牙桑坦德银行，www.santander.com

法国巴黎银行，www.bnpparibas.com

法国农业信贷，www.credit-agricole.com

德国德意志银行，www.deutsche-bank.de

英国汇丰集团，www.hsbc.com

英国巴克莱，www.barclays.co.uk

波士顿管理咨询，www.bcg.com

德勤咨询，www.deloitte.com

毕马威咨询，www.kpmg.com

普华永道咨询，www.pwc.com

欧睿信息咨询公司，www.euromonitor.com

中国证券报，www.xinhuanet.com

2. 参考文献信息

Brett King，Bank 3.0：Why Banking Is No Longer Somewhere You Go But Something You Do，Marshall Cavendish International Asia Press Ltd，2012 年 11 月 1 日。

Frederick Winslow Taylor，The Principles of Scientific Management，New York and London Press，1911.

李佩珈，2017 年中国银行业的机遇与挑战［J］，银行家，2017（3）。

乔凤涛，高悦，石佳，网络经济背景下银行业务发展研究［J］，中国商论. 2017（35）。

马蔚华，网络贷款是趋势，银行要转型［W］，招商银行官方网站，www.cmbchina.com。

刘建忠，将互联网理念和思维落实到建设银行转型实践中的思考［W］，中国电子银行网，2017-01-13。

中国银行业协会，《中国银行家调查报告（2016）》，2017（2）。

王晓刚，银行业务费用精细化管理模式的构建［J］，中国国际财经（中英文）. 2017（23）。

岳小勇，“商 + 投”模式下创新驱动投资银行业务［J］，上海国资，2016（12）。

安东伟，罗磊，转型发展的本源回归——交易银行业务探析［J］，农村金融研究，2017（04）。

罗思义，如果2020年中国实现全面小康［J］，新浪财经新浪财经专栏，2017(3)。